What's M'S?

さっぽろ
M'S
雑居群街図

M'Sって何？

さっぽろ

M'S
雑居群街図

愉快でおいしい仲間たち

M'Sカンパニー
完全ガイド

presented by **MARO企画**

札幌のテナントビルの中で、ひときわ異彩を放つM'S《エムズ》。

古さと新しさが同居するユニークな外観は、

札幌っ子の好奇心を刺激し続けています。

そこには、イタリアンやフレンチ、居酒屋、BARなど、

さまざまなジャンルの店が雑居。

なかには、ミュージシャンやデザイナーが店主という、

ユニークな店も少なくありません。

その賑わいが醸し出す空間はまさにカオス。

年齢・性別を問わず、幅広い層に支持されています。

個性あふれる魅惑のワンダーランドM'S。

さて、あなたは今宵、どの扉を開けますか?

M'S SPACE《スペース》

南2西7

さっぽろ

M'S 雑居群街図

目　次

M'S ビルヂング

南3西7

TANUKI《タヌキスクエア》 SQUARE

南3西7（狸小路7丁目）

M'S EAST《イースト》

南2東1

M'S 二条横丁

南2東1

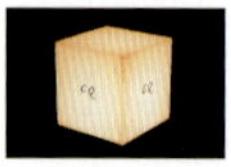

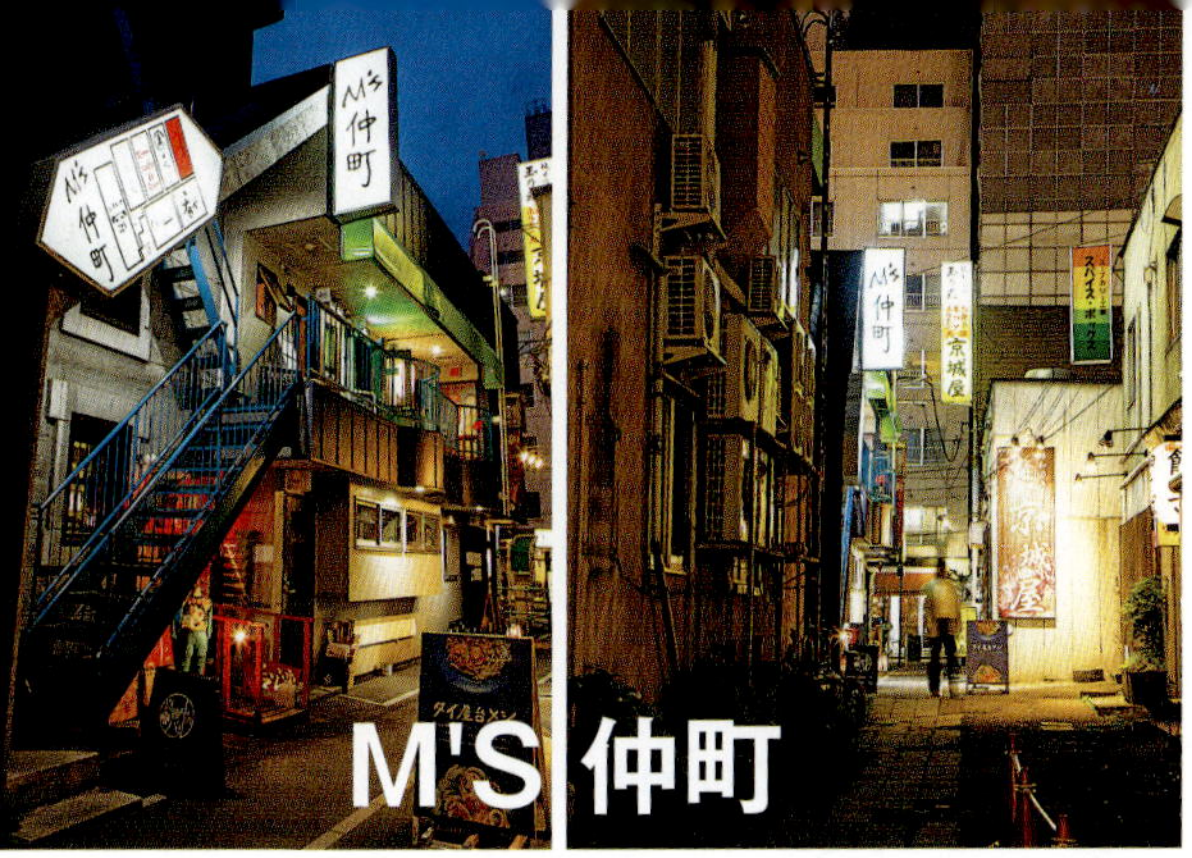

M'S 仲町

M'S EAST《イースト》Ⅱ

南4西1

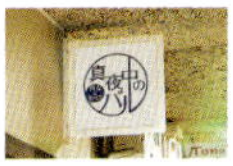

南2東1

M'Sの仲間たち

ここにもM'Sの仲間たち

PENCIL BLD.
南2西6

U'S LAB.
南2西5

さっぽろM'S雑居群街図
2017年9月15日発行

発行人　和田由美
編集人　井上哲
編集・制作　株式会社亜璃西社

企画・プロデュース
斉藤正広（MARO企画）

アートディレクション　小笠原恒敏（Hit&Run）
デザイン　小笠原仁（Hit&Run）

取材・編集
宮川健二
加藤太一
葛西麻衣子（しちりん舎）

撮影
亀畑清隆（亀畑清隆写真事務所）
笠井義郎（スタジオwith）
吉川麻子（cocoon photographs）
藤倉孝幸（Commercial Photo Studio STACK）

本文イラスト
ミヤザキメグ

制作スタッフ
野崎美佐
前田瑠依子

写真提供
株式会社イエローページ
札幌市公文書館

発行
株式会社亜璃西社
〒060-8637 札幌市中央区南2条西5丁目6-7
メゾン本府7F
TEL.011-221-5396　FAX.011-221-5386
http://www.alicesha.co.jp
E-mail　info@alicesha.co.jp

印刷
株式会社アイワード

＊本書掲載のデータは、2017年8月中旬現在のものです。料金、営業時間、定休日などは変更される場合がありますので、ご利用の際は各店にご確認ください。
＊メニュー料金は原則として消費税込みの料金を表示し、税別の場合はその旨を表示しました。
＊定休日は原則として年末年始・お盆休みなどを省略しています。

M'S雑居群街図マップ

M'S SPACE…中央区南2条西7丁目
TANUKI SQUARE…中央区南3条西7丁目
M'Sビルヂング…中央区南3条西7丁目
M'S二条横丁…中央区南2条東1丁目
M'S EAST…中央区南2条東1丁目
M'S EASTⅡ…中央区南2条東1丁目
M'S仲町…中央区南4条西1丁目
PENCIL BLD.…中央区南2条西6丁目
U'S LAB.…中央区南2条西5丁目

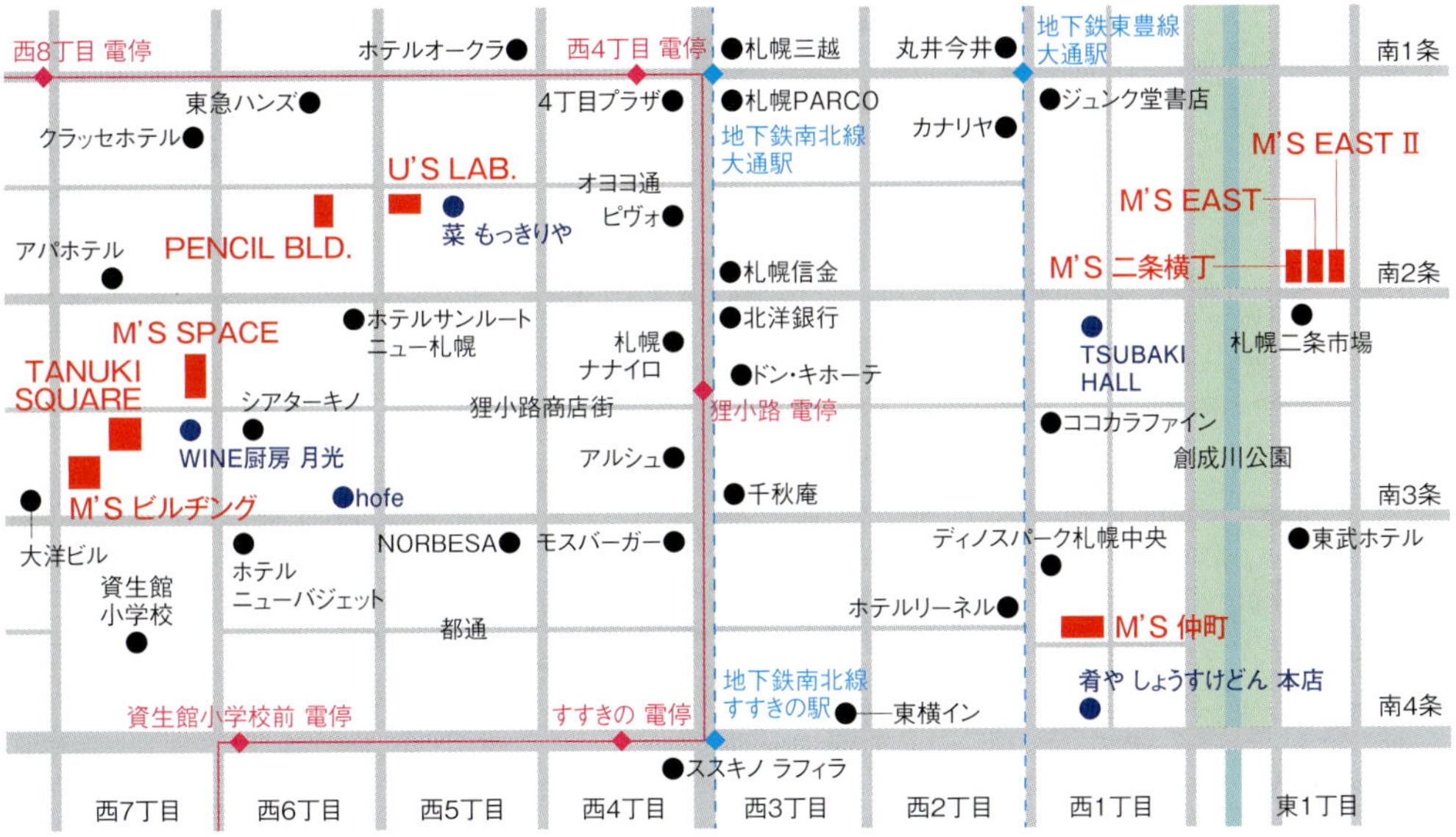

通りにこぼれてくる店の灯りと賑わい。16〜18時には550円までの飲み物が350円になるハッピーアワーも

M'S SPACE

エムズスペース　南2西7

パッと見、ちょっと怪しげ。でも夜な夜な老若男女が集い、建物へ吸いこまれていく。その客層も店の個性もバラバラな雑多感こそ、M'S SPACEの真骨頂。ほんの少し勇気を出して、めくるめくM'Sの世界へ。

居酒屋やバー、焼鳥にスープカレー店など13軒が入るM'S SPACE。南2条通と狸小路7丁目の間にある

店主・堤さんとの会話を楽しみにくる常連も多い

笑い声が絶えない店内。奥にはテーブル席もある

オリーブオイルの自家製ドレッシングで味わう「ゆで豚といろどり野菜のサラダ」700円

牛スジをさっぱり仕上げた「牛すじのおろしポン酢」450円。冬には牛スジの煮込みも登場する。日本酒はかん酒400円～

家庭料理と会話をつまみに
今宵も楽しい酒に酔う

たぱす

1F

建物1階にある路面店で、エムズスペースのオープン当初からある古株の一軒。心休まる家庭料理と店主・堤幸江さんの温かな人柄に惹かれ、年配の一人客から若者グループまで、幅広い客層が集う。

料理は珍味、刺身、焼鳥など居酒屋の定番メニューをはじめ、タコのオリーブオイル煮といったバル風、チャーハンなどのご飯モノとバラエティ豊か。お酒もビール、日本酒、焼酎にワインと一通り揃い、蝦夷麦酒の「そばビール」など道産酒も味わえる。

種類豊富な料理とお酒、そしてもう一つの魅力が、店に満ちている和やかな空気。堤さんやスタッフの飾らない接客で、初めてでも気後れせず、楽しいひと時を過ごせるはず。

電話：011･261･3936
営業時間：16：00～23：00（LO22：00）
定休日：日曜、祝日

左.右／店内のいたるところに、出所不明な小物や部屋飾りが。ライブの告知ポスターと相まって独特な空間を生み出している

夏は扉を開け放って営業。おいしそうな匂いと喧騒が通りまであふれてくる

店長の加藤さん（右）をはじめ、スタッフが楽しそうに働いているのもCAMCAMの魅力

M'S SPACEに移転する前から同店のスタッフだった店主の吉田歩さん

アジアン気分を盛り上げる屋台の活気と雑多感

屋台料理 CAMCAM《カムカム》

1F

1989（平成元）年の開店で、札幌のエスニック料理界のパイオニア的存在。通りに面して開け放たれた扉からあふれる喧騒と無国籍なムードが、エムズスペースらしい“雑多感”を漂わせている。

メニューに並ぶのは、タイ料理をメインにベトナム、中華などアジアンテイストを盛りこんだオリジナル料理。化学調味料は極力使わず、香草や香辛料をしっかり効かせつつ、エスニック初心者でも食べやすい一皿に仕上げている。

そんな料理は、やはりアジアのお酒と味わいたい。おすすめは、タイのシンハーなど15種近くを揃えるアジアの瓶ビール。もちろんほかのアルコールも充実しているので、好みに合わせて楽しんで。

電話：011･271･4449
営業時間：17：30〜翌2：00
（金･土曜は〜3：00、日曜は〜24：00、LO各1時間前）
定休日：不定休

上／「濃厚鶏がらスープで炊いたチキンライス“カオマンガイ”」850円とアジアの瓶ビール620円〜。鶏の旨味にビールが進む（各税別）
下／多い日には300本以上出る看板メニュー「ベトナム風生春巻き」1本300円（税別）

代表の吉田さん（右）をはじめ、お客さんもミュージシャンやDJなど音楽好きな人々が集う

お酒がずらりと並ぶカウンター。通りに面したテーブル席も2卓ある

ゴーヤの苦みと卵のまろやかさがマッチする「ゴーヤちゃんぷる〜」700円と「モヒート」700円（各税別）

料理とお酒と音楽の3拍子で奏でるワルツ

ネオ酒場 Waltz《ワルツ》

2F

軽めのつまみから野菜、肉、魚料理にご飯&麺類まで、国籍もジャンルも〝なんでもアリ〟の創作料理が味わえるレストランバー。料理もお酒も「自由に楽しんでほしい」と話す店主の吉田耕爾さんは札幌の人気ファンクバンド「COSMIC STEW」、ルーツレゲエバンド「ONE BODY」のボーカルでもあり、店では不定期で道内外のアーティストによるライブも開催される。ちなみに店名の「ワルツ」は、料理とお酒、音楽の3つを、ワルツの3拍子とかけたもの。

種類豊富な料理のなかでも人気なのは、「油そばワルツ風」と「ゴーヤちゃんぷる〜」。料理同様になんでもアリなお酒と一緒にどうぞ。

電話：011･303･8630
営業時間：18：00〜翌3：00（フードLO2：00）
定休日：不定休

名物の「油そばワルツ風」750円は、自家製チャーシューが味の決め手。「コロナ」など瓶ビール600円（各税別）

明るく飾り気のない人柄が魅力の店主・川合将太さんと女性スタッフ。果実酒などのお酒も豊富に揃う

エゾシカ肉に今金男爵
厳選食材を肴に一杯！

柔らかさに驚く「えぞ鹿もも肉のステーキ」1180円。奥はオリジナルラベルの「tabibitoBEER」730円

カウンターと小あがりのほか、大きめのテーブル席もある

貴重な今金産男爵イモを使った「今金男爵フレンチフライ」500円

tabibito《タビビト》キッチン

2F

全都道府県を巡ってきた旅好きの店主が営む、カジュアルダイニング。エムズスペースでは珍しい個室風の小あがりもあり、宴会から一人飲みまで、幅広い使い方ができる。

料理はおつまみにサラダ、肉に米系と多彩な品揃え。ただココで見逃せないのは、北海道ならではのエゾシカ料理だ。厳選のエゾシカ肉はそのイメージを覆すほどクセがなく、ステーキで味わえば柔らかさと旨さに驚愕！　また、ジャガイモのなかでも最高級品として知られる今金町の男爵イモも自慢で、フレンチフライやじゃがバターでホクホクの食感と甘味を堪能できる。博多名物をアレンジした「サッポロ風焼きラーメン」も、クセになると評判。

電話：011・206・9946
営業時間：18：00～翌3：00
（金・土曜は～5：00、LO各30分前）
定休日：不定休（休みは電話で確認を）

「女性一人ならサイズ調整もできます」と、店主の安部龍也さん

M'S SPACEでは珍しく、ゆったりと席を配した店内。黒板のおすすめメニューも見逃せない

思わずうなってしまうほど酒とよく合う「明太子とタコのアヒージョ」880円。追加バゲット100円は必須（各税別）

がっつり肉を食べたい！ そんな時は迷わずコチラへ

O'steria Bal ABENTINO《オステリア バル アベンティーノ》

2F

イタリアンを中心に、スペイン料理のアヒージョやチーズフォンデュなど、どれもワインが進みそうな料理がずらり。アヒージョだけでも5～6種あり、ハモンセラーノのハーブサラダやパスタ、ピザ各種にデザートと、バラエティに富んだメニューが揃う。

なかでもイチオシなのが、ドカッとワイルドな「Tボーンステーキ」だ。1ポンド強（約460グラム以上）という大ボリュームで、3～4人で食べても十分満足できる。

料理に合わせるお酒はイタリアやチリ、フランスなど18種類のワインをはじめ、ビールにカクテル、ハイボールとこれまた十分な品揃え。普段使いはもちろん、ちょっとした集まりなどでも使えそう。

電話：011･200･9855
営業時間：18：00～翌1：00（LO24：30）
定休日：不定休

看板メニューの「Tボーンステーキ」3280円（税別）。柔らかなヒレと旨味たっぷりなサーロインの2つの味を、一度に楽しめる

「ビーフカツレツ　デミグラスソース」1600円。和牛ハンバーグとカツレツを頼む際は、別に付け合わせ1点を注文するのが決まりだ。写真は「ラタトゥイユ」400円（各税別）

上／シェフの小山田竜治さん。店名のLa Cena（イタリア語で晩餐）には、夕食を楽しんでほしいという思いが込められている
下／カウンターとテーブル席のほか、らせん階段の上に個室風のロフト席もある

La Cena《ラ チェーナ》

2F

シックな空間で味わう 元ホテルシェフの 間違いない料理とお酒

2017年3月オープンのエムズスペースで一番新しいお店は、イタリアン寄りの洋食店。クリーニング店脇の階段を上がった2階にあり、白壁に赤いチェアのカウンター、大きな窓にテーブル席と、ちょっと大人な雰囲気が「エムズっぽくないって言われます」とシェフの小山田さん。小山田さんは元ホテルシェフだけあり、料理はどれも本格派。おすすめは白老牛を贅沢に使ったビーフカツレツで、和牛の柔らかな食感とジューシーな旨味は感動モノのおいしさ。また札幌の人気ブーランジェリー「coron」特製のフォカッチャが味わえるのも、うれしいポイントだ。落ち着いた空間で、食事とお酒をゆったり楽しめる。

電話：011･213･1368
営業時間：18：00～翌1：00
定休日：月曜

「自家製ニョッキ　ゴルゴンゾーラソース」1200円。ワインは赤・白グラス各600円～（各税別）

店があるのは1階廊下を進んだ右奥。
M'S SPACEのなかでも老舗の一軒だ

料理場を囲むように置かれたカウンターは
全16席

熟練の手さばきで焼き上げられる焼鳥。備長
炭に落ちた脂が煙となり鼻先をくすぐる。匂い
だけでお酒が飲めそう

丁寧な仕事が光る焼鳥は心に染みるおいしさ

ふっくら柔らかな「つくね」250円（手前）と
必食の「レバー」160円。焼鳥はすべて1本
単位で注文できる

焼鳥サマサマ

1F

コの字型カウンターのみの店内は、焼鳥屋というよりも静かなバー風。窓の外には小さな庭があり、ライトアップに浮かぶグリーンが美しい。

　肝心の焼鳥は、鳥や豚、つくねに砂肝と定番を押さえつつも、そこに「バルサミコソース」や「ハニーマスタード」などの味付けで、サマサマらしさをプラス。〝生肉でいいもの〟を使い、炭火で丁寧に焼き上げる串は、ほっこり香ばしく、噛みしめると肉汁が滴り落ちてくる。特に「レバー」は素晴らしく、注文が入ってから切り、串に刺すことで、臭みがなくふんわりとろけるような食感に。ドリンク1杯に焼鳥4本、キャベツが付く「ポパイセット」980円などお得なセットもおすすめだ。

電話：011･272･3230
営業時間：18:00～翌2:00（焼鳥LO23:50）
定休日：火曜

「豚串（ハニーマスタード）」（手前）と「鳥串（サンバルソース）」各200円。自慢の「珈琲焼酎」550円と一緒に

上／飾り気のない人柄が魅力の店主・小澤はる世さん。お酒の知識はほぼ独学だそう
下／カウンターは8席で禁煙。入り口側に喫煙可のテーブル席12席もある

店主の自然体な接客とお酒で安らぎのひと時を

ノーチャージで気軽にお酒が楽しめるカジュアルバー。店主でバーテンダーの小澤はる世さんが「友達が集まれるちょっとした場所を」と、17年前に始めた。そのせいか、バーらしい緊張感はそれほどなく、まったりくつろげる雰囲気がなんとも心地いい。お酒はシングルモルトやバーボンなどのウイスキーをはじめ、ワインにカクテル、芋や麦の焼酎も。好みのお酒を片手に、心休まるひと時を過ごして。

Shop & Bar Chot《チョット》 1F

スペインの名門・セグラヴューダスのCAVAはグラス800円。ウイスキーはシングルモルト1000円～、バーボン700円～

電話：011・272・7261
営業時間：18：00～翌1：00（LO24：30）
定休日：不定休

穴場的な店が多いM'Sのなかでも、ここは別格。とはいえ入りづらくはない

不思議と居心地がいい階段下の秘密基地

裏窓 1F

階段下のわずか2坪ほどのスペースで営業する穴場すぎるバー。でも小さいからといって、侮ってはいけません。ベルギーの修道院で醸造されるビール「オルヴァル」やアルザスの名ワイナリー「マルククライデンヴァイスアンドロー」など、数は少なくとも品揃えは一級品。フランス産のチョコレートなど300円～のつまみも秀逸で、ズブズブとハマってしまいそう。

グラスワインは700円～。アルコール類やおつまみは、仕入れなどにより変わっていく

バーボンやシングルモルトなどの「ウヰスキー」各種650円～。「トリュフチョコレイト」300円

電話：090・6446・0185
営業時間：17：00～翌2：00
定休日：日曜

店は建物1階の一番奥。テーブルとカウンター合わせて全14席

調理・接客を担当するスタッフの千葉由美子さん

主に週末に登場する人気メニュー「豚角煮ベジタブル」1300円。柔らかな角煮のほか、キクラゲやパクチーなど具が満載

ブームを牽引してきた名店のスープカレー

豚骨や鶏ガラ、香味野菜などをじっくり煮込み、仕上げに特製の香味オイルを加えたスープは、旨味とスパイスのバランスが絶妙で、豚や鶏、野菜などの具材ともよく合う。メニューは「チキンベジタブル」など定番6種のほか、本日のおすすめも1～2種用意。週1程度の不定期でグリーンカレー風なども登場する。辛さは7段階から選択可。パクチー肉団子などトッピングが豊富に揃うのもうれしい。

スープカリィ
ベンベラネットワークカンパニー

1F

電話：011･231･5213
営業時間：11：30～15：00LO、17：30～21：00LO
定休日：不定休

辛さ固定の不定期メニュー「グリーンカレー風キーマベジタブル」1150円

落ち着いてお酒が飲める実は意外と大人なバー

不良外人の巣
PHONE《フォーン》 BOOTH《ブース》

2F

その店名から、予備知識なく扉を開けるのはちょっとハードルが高いかも知れないが、ご安心を。外国人客が多いものの日本人との割合は半々で、もちろん不良外人ではない。クラフト系ビールやウイスキーをゆっくり楽しめる、意外と大人なバーなのだ。ドリンクはビールにカクテル、日本酒、焼酎、ウイスキーにラム、ジンと幅広い品揃え。ソファ席もあり、のんびりくつろぎながらお酒が楽しめる。

左／ミントの香りがさわやかな「モヒート」700円。ほか、さまざまなベースのカクテルが揃う
右／スコットランドの「ブリュードッグ／エルビスジュース」850円をはじめ、瓶ビールは20種ほどを用意

上／「スコットランドやアメリカのクラフト系ビールを揃えています」と、マネージャーの坂田さん。ノーチャージで楽しめるのも魅力だ
下／全20席の意外と奥行きがある店内

電話：011･272･1039
営業時間：20：00～翌4：00(変動あり)
定休日：不定休

帽子もシャツも黒ずくめの店主・古川さん。BENBEというバンドでボーカルも務める

6〜7人で満席となる、ウナギの寝床のような細長い店内

この狭さがクセになる？ わずか7席の隠れバー

1階の路面店でありながら、知らなければ通り過ぎてしまいそうなほど小さなバー。カウンターの中と外が近い細長い店内に一瞬ひるむが、「怖い店ではないです。緊張せずに入ってきてください」と店主の古川直久さん。飲み物は20種ほどのウイスキーを中心に、ハートランドの生ビールやカクテル、ラムなど。古川さんはミュージシャンの顔も持ち、音楽好きが集まる。音楽談義に花を咲かせてみては。

Raymond《レイモンド》

1F

左／銅製マグカップで供される正統派の「モスコミュール」700円。そのほかのカクテルは600円〜

右／軽やかで飲みやすいバーボン「ヘヴン・ヒル」500円〜。生ビール500円、瓶ビール500円〜

電話：なし
営業時間：20：00〜翌3：00（変動あり）
定休日：火曜、ほか不定休あり

シンプル&シックな空間で 好みのお酒と料理を楽しむ

種類豊富なお酒と、スパゲティなどの軽食やおつまみが楽しめるダイニングバー。お酒はレーベンブロイの樽生や20種ほどのウイスキー、ワイン、ラム、ブランデーなど多彩にラインナップ。エムズスペースでは少数派のシンプル&シックな内装で、一人客でも落ち着いてお酒が楽しめる。キタアカリのフライドポテトなどおつまみ系メニューはもちろん、ソース焼きそばやピザなどの軽食もおすすめ。

ギタリストでもある店主の橋場勝洋さん。常連には音楽好きが多いそう

Paradis?《パラディ》

1F

ジューシーな「とりからあげ」700円と「レーベンブロイ　樽生」500円

ワインと合わせたい自家製ソースの「スパゲティ　ミートソース」800円

カウンター席のほか、壁に面した小さなテーブル席もある

電話：011･211･1232
営業時間19：00〜翌3：00
定休日：不定休

エムズのキホン

Q&Aでわかる エムズ雑居群キホンのキホン

エムズをこれから利用したい人のために、エムズのキホンをQ&Aスタイルで教えちゃいます。

Q. エムズって何カ所あるの？

A. エムズのテナント施設は、札幌の都心部に全部で9カ所。どれもメインの繁華街から少し外れた場所にあり、新築2軒以外は2階建ての古い木造家屋を改築したもの。レトロな雰囲気と、新しさも感じさせる独特のデザインが異彩を放ってます。

Q. お店はどんなジャンルがあるのかな？

A. エムズには、イタリアン、居酒屋、立ち飲みバーから、たこ焼き、かき氷、占いカフェまで、さまざまなジャンルがずらりと揃います。その数なんと約100軒！そのなかにはミシュランガイドで評価されたフレンチもあって、あなどれません。

Q. パーティーなんかも開けます？

A. 50席以上の大きな店は数軒しかなく、残念だけど大人数ではちょっと無理かも。カウンターとテーブル席がいくつかある、20席前後の店がメインで、店主一人で営む小さな店も少なくありません。なかには、カウンター5席のみという極小店も。だから味わい深いと評判です。

Q. エムズの店って隠れ家ぽくって入りにくいんだけど?

A. なんて言う人もいるけど、初めての人もウェルカム。なにより、どの店もいつも賑わっていることが、安心して利用できる証拠。常連客もフレンドリーでやさしくエスコートしてくれますよ。

Q. 予算はどのくらい?

A. エムズの店は良心的。格安な店からフレンチまで幅はあるけれど、安心な価格で楽しめます。同じエムズの建物に入っているという連帯感から、独自の「エムズ相場」が生まれたという説も。

Q. 店主が個性的って聞いたんだけど?

A. エムズの店主は、海外で修業を積んだ本格派シェフから、ミュージシャンやデザイナーなどのアーティストまで、バラエティ豊かな顔ぶれが揃います。なかには、タロット占い師や現役のお坊さんが営む超個性派店もあり、興味津々。

初めて行くなら、この店から！［エムズ入門ガイド］

まずはM'Sの原点ともいえるエスニックを！

M'Sのイメージを作った、この無国籍感！

人当たりのいいスタッフばかりなので、初めてでも安心だ

屋台料理 CAMCAM《カムカム》

M'S SPACE 1F

M'S SPACEといえば、やっぱりココは外せないでしょ。札幌におけるエスニック料理店のパイオニアで、地元っ子のなかには「ここで初めて生春巻きを食べた」なんて人も多いのでは。

→詳細はP12

BAR ITALIANO e TAVOLA CALDA La Giostra《ラ ジョストラ》

TANUKI SQUARE 1F

「ボナセーラ！」と陽気に迎えてくれるイタリアンバール。14時からオープンしていて、コーヒー一杯でも立ち寄れる気軽さがいい。まずは「前菜盛り合わせ」で好みの味を見つけよう。

→詳細はP27

オーナーの時崎さん(中央)をはじめ、若手スタッフも気取りのない接客で居心地がいい

14時オープンで使い勝手バツグン

焼鳥だってオシャレに食べたい！

スタッフ同士の連帯感も強く、店での時間を気分よく過ごせる。吹き抜けの天井とオープンキッチンの開放感も魅力

トリタベルカ

M'Sビルヂング B1F

鶏料理の専門店だが、店内は焼鳥店とは一線を画すおしゃれな雰囲気。スタイリッシュなインテリアが、女性客から支持される。こだわりの自然派ワインもあり、女子会にもぴったりだ。

→詳細P50

エムズは初めてというあなたにおすすめの、テナント別入門店をピックアップ！

スタートは、狸小路7丁目東側から出た北寄りにある、エムズのテナント第1号「エムズスペース」から。ここは1階の無国籍料理「カムカム」がおすすめ。エムズの人気を決定づけた老舗で、エキゾチックな料理やインテリアから、エムズらしさの原点を感じてほしい。

狸小路7丁目西側の「タヌキスクエア」は、飲食店が多い7丁目の中心的存在。おすすめは1階のイタリアンバール「ラ・ジョストラ」。バールながら、コーヒーだけ飲む人もいて自由度が高い。

そのすぐそば、7丁目西側から出て南へすぐの「エムズビルヂング」は、2016年オープンの最新施設。ここは、半地下部分にある鶏料理の「トリタベルカ」がいい。広々とした店内には、ベビーシートを備えたトイレがあり、子ども連れにも優しい。

バル風の店内で
絶品串カツを満喫

串カツは1本80円から、50種類ほどが揃う。
店内には立ち飲みスペースやテラス席も

串カツバルスタイル
HANA《ハナ》
M'S 二条横丁 2F

若者から年配の方まで幅広い層で賑わうバル風の店内は、女性客の姿も多い。串カツに加え、おでんやアヒージョなどフード類は多彩。お酒もワインや日本酒など種類豊富に揃う。
→詳細はP63

くんせいとお酒の店
Choi《チョイ》
M'S EAST 2F

外から店内をのぞける大きな窓があり、入りやすさはピカイチ。もちろん燻製メインの料理も美味で、日本酒との組み合わせに、うならされるはず。テーブル席があるのもうれしい。
→詳細はP73

石川店長の明るい人柄もここの魅力

酒に合う燻製料理は
2次会にぴったり!

おつまみからご飯モノまで、
メニューは燻製のみ。まず
は盛り合わせを頼んでみて

台湾の店さながらの
味と雰囲気を手軽に

庶民的で優しい味わいの
料理は手ごろな価格

台湾料理にほれ込む店主の後藤さん

台湾料理 ごとう
M'S 仲町 1F

台湾の夜市の店を思わせる店舗は、ふらっと立ち寄りたくなる雰囲気。気取らない造りの店内で、本場さながらの台湾屋台料理を楽しめる。2階席もあり、グループでの利用もOKだ。
→詳細はP93

狸小路に戻り、観光客をかき分けて東へ。突きあたりの創成川公園対岸に二条市場があり、エムズの建物はその北側に軒を並べている。

向かって左の「エムズ二条横丁」は、創成川イースト初期に進出したテナント。おすすめの「HANA」は、串カツの店ながら女性も入りやすい雰囲気がいい。

その右隣に並ぶのが「エムズイースト」「エムズイーストⅡ」で、おすすめはイースト2階の燻製バー「チョイ」。店主が明るい人柄ということもあり、初めてでも隣の人とすぐ仲良くなれそう。

最後は、狸小路1丁目西側を出て南へ向かい、国道36号手前の狭い路地を左へ。その奥に「エムズ仲町」がある。おすすめの台湾料理「ごとう」は、現地風の内装でまとめられ気分はもう台湾。料理も手ごろな価格で、いろいろ味わえるのがうれしい。

魅力あふれるエムズの世界に、あなたも触れてみて！

旧式のアーケードが残る狸小路7丁目
の西側。昭和の残り香が漂う

TANUKI SQUARE

タヌキスクエア　南3西7（狸小路7丁目）

2012年8月、狸小路7丁目に誕生。個性豊かな16の店舗が集まり、名称通り“広場的なスポット”に。2棟の建物をドッキングさせたユニークな構造で、迷路のように巡る細い通路に好奇心がくすぐられる。

無造作に置かれた看板が、独特の空気感を醸し出す

以前は「屋台料理 CAMCAM」（P12）で働き、飲食業のおもしろさを知ったという時崎さん（中央）

コーヒーで一息つく昼下がりから、乾杯で盛り上がる夜更けまで、店の表情は時間ごとに変化する

本場のスタイルをとことん追究したイタリアンバール

BAR ITALIANO e TAVOLA CALDA La Giostra《バール イタリアーノ エ ターヴォラ カルダ ラ ジョストラ》

1F

一歩足を踏み入れると、本場さながらの空気感に包まれるイタリアンバール。オーナーの時崎仙浩さんは、若き日、旅先のイタリアで出合ったバールに魅了され、「いつか日本でも！」と開業の夢を胸に、バリスタから、お酒の知識、ジェラートや料理など、あらゆる食文化を貪欲に学んだ。「バールはイタリア人にとって生活の一部のようなもの。そんな現地のスタイルを追究したい」と時崎さん。内装はほぼ手作りで、本場バールの要素を徹底的に取り入れ、バリスタが淹れるコーヒー、〝マンマの味〟にこだわった料理の数々、お酒のラインナップにも妥協は一切ない。札幌にイタリアの風を運んでくれる、貴重な一軒だ。

「ジョストラ前菜盛り合わせ」2500円〜。イタリア直送のサラミや生ハムと、その日のおすすめの前菜を9品前後見繕ってくれる

ウニを一折分使った贅沢な「リッチヨ ディ マーレ」2100円。ウニの濃厚な甘さがたまらない

電話：011･233･5110
営業時間：14：00〜24：30（LO24：00）
定休日：火曜（祝日、祝前日の場合は営業、振替休業は要問合せ）

「厨房に聞こえてくる『おいしい!』というお客さんの声が原動力です」と尾方さん

Kitchen Opela《キッチン オペラ》

1F

ワイングラスを片手に 洋食、時々エスニック

和食にフレンチ、イタリアン、中華などさまざまなジャンルの店で腕を磨いてきたオーナーシェフの尾方貢さんが、一人で切り盛りするビストロ。メニューは、軽くつまめる前菜をはじめ、ピッツァやパスタなど洋食が中心だが、なかには、ナシゴレン、フォーといったエスニック系も点々と入り混じる。「枠にとらわれず、シンプルに『食べてもらいたい!』と思った料理を作っています」と尾方さん。

開店前に焼き上げる香り豊かな自家製パンも人気で、アヒージョやブイヤベースに浸して味わえば、ワインがクイッと進む。軽く一杯やるもよし、自由にシェアして盛り上がるもよし。楽しみ方もノンジャンルでOKだ。

月替わりで登場する「今月のキッシュ」480円〜。表面はパリッ、中はしっとりとした食感でバターの香りが食欲を誘う

山ワサビのソースで味わう「道産牛のレアローストビーフ」980円(手前)と、「たっぷり魚介のブイヤベース(自家製パン付き)」1600円

カウンターとテーブル席の計15席。週末は予約がベター

電話:011･233･5103
営業時間:17:00〜24:00
(土･日曜、祝日は15:00〜)
定休日:月曜、ほか不定休あり

店主の河瀬さんと妻のまり子さん。
「パンはテイクアウトのみも大歓迎です!」

自然派ワイン食堂 Tepp's《テップス》

2F

パン×ワイン×料理
その相乗効果が醍醐味

自家製酵母の手作りパンと自然派ワインの店。店主の河瀬鉄平さんは、岐阜県大垣市出身で、老舗パン店の息子として生まれた。東京の名店「ビゴの店」で修業を積み、家業のパン職人に。その後、シチリア島やポートランドに渡り、料理の腕も磨いたという。

90カ国を旅し、ゆかりのない札幌で店を開いたのは「北海道の農作物、特に無農薬栽培の小麦とワインに惹かれたから」と河瀬さん。毎日焼き上げるパンは、バゲットやカンパーニュなど5種類前後。これに「世界で出合ったおいしい物のいいとこ取り」の料理と自然派ワインを合わせれば、相乗効果は何倍にも！

河瀬さんの情熱あふれるマリアージュに酔いしれたい。

肉の旨味がギュッと凝縮された「自家製羊のソーセージとベーコンの盛り合わせ」1680円。自然派ワインはグラス650円～（各税別）

ランチタイムに味わえる「絶品タンドリーチキンのホットパニーニ」980円

木の温もりがあふれる店内。禁煙だが、テラスに喫煙スペースも

電話：011・839・3364
営業時間：12：00～14：30LO（土・日曜、祝日のみ）、18：00～23：00LO、（金・土・日曜、祝日は17：00～）
定休日：月曜、ほか不定休あり

和洋融合の妙を味わう 大人のビストロ

Bistro《ビストロ》 清水亭

1F

和のエッセンスを散りばめたフレンチと酒肴を、肩肘張らずに楽しめる小さなビストロ。店主のＮＯＢＵさんは、かつて円山で創作フレンチの人気店を営んでいたが、「私もお客さんもお互い歳を重ねたからね。フルコースではなく、軽くつまんでお酒を楽しむ、そんな店をのんびりやりたくて」と、２０１２年に心機一転、再出発を切った。

日々更新される黒板メニューは、旬の野菜や魚介をはじめ、牛、豚、エゾシカなどの肉もほぼ道産。「ワインにも日本酒にも合う」という前菜の品書きには、なめろうやタコまんまの醤油漬けなど和の酒肴も並ぶ。道産酒も揃うので、和洋融合の新たなマリアージュを開拓してみたい。

電話：011·233·5106
営業時間：17：00〜23：00（金·土曜は〜24：00）
定休日：日曜（翌月曜が祝日の場合は営業、連休最終日に振替休業）、月1回月曜

上／店主のNOBUさん。円山時代からの常連客にも長年慕われている
下／カウンター、テーブル席がコンパクトに並ぶ。店内は全席禁煙

1／パテやテリーヌ、ピクルスなどその日のおすすめ7、8品を見繕ってくれる「前菜盛り合わせ」1980円。少しだけつまみたい人には、一人前1280円の用意も（各税別）

2／「滝川産合鴨のコンフィ　サラダ添え」1880円（税別）。皮目はパリッと香ばしく、かぶり付くと滋味豊かな旨味が口の中にほとばしる。山﨑ワイナリーの赤ワインとぜひ

ナポリの下町にある大衆的なピッツェリアをイメージ

「ラ・ジョストラ」（P27）に隣接する姉妹店のピッツェリア。「とにかく生地がうまい」と評判のピッツァは、イタリア産小麦にシチリアの天日干し海塩、イーストを加えて発酵。注文を受けてから成形し、約480℃の高温窯で香ばしく焼き上げる。

一番人気という「マルゲリータ」の焼きたてを頬張ると、サクッと軽やかな歯触りで中はふんわり柔らか。さわやかなトマトソースとまろやかなチーズが熱々の生地の上で仲良く溶け合い、「もうひと口！」と手が止まらない。

カウンターに並ぶアンティパストをつまみに、イタリアの伝統的なビール「ビッラ モレッティ」を味わいつつ、焼き上がりを待つ時間も楽しい。

PIZZERIA NAPOLETANA《ピッツェリア ナポレターナ》 LA TAVOLOZZA《ラ タヴォロッツァ》

1F

サクッと軽やかで香ばしい ナポリピッツァにうっとり

職人気質の宮本翼さん。「生地にストレスを与えないこと」がおいしさの決め手だという

左／「サルディーニャ風ラム肉のポルペッティーニ」700円。羊乳のチーズ、レーズンや松の実がアクセントに

右／「マルゲリータ」1000円。ぷっくりと盛り上がった縁と、ほど良いきつね色が、おいしく焼き上がった証しだ

電話：011･251･5085
営業時間：16：00～翌2：00（LO1：30）
定休日：火曜

ロックファンやバンドマンなど〝音楽好き〟を共通項とした常連客が集まるバー。店主の伊藤通さんは、南3条通りの「米風亭」で8年ほど働いた後、2012年に独立し、「音楽色のあるバーを」とこの店を開いた。5坪ほどの店内の壁は、イエローモンキー、ブランキージェットシティなどロックバンドのポスターで埋め尽くされている。

客層は20〜70代と幅広く、知らない同士でも、音楽の話題で意気投合することが多いという。「店を開いて良かったことは、毎日の出会いにワクワクできること。ここでの出会いがきっかけで結婚したカップルもいますよ」と伊藤さん。今後は、弾き語りのイベントなども手掛ける予定だ。

White Room《ホワイト ルーム》

2F

音楽と酒が交錯する ロックなカウンター酒場

上／BGMはレコードをかけることも多く「デジタルにはない、まろやかな音の質感がたまらない」という
下／フードは軽いつまみ程度だが、アルコールは何でも揃う。おすすめはキンキンに冷えた「テキーラ」500円

元ブランキージェットシティのボーカル&ギター・浅井健一さんとは、開業前から親交があり「札幌にいらっしゃる時は、ありがたいことに、いつも来店してくださいます」と伊藤さん。店内のあちこちに、バンドメンバーのサインが飾られている

電話：080･3291･7294
営業時間：19：00〜翌2：00
定休日：不定休

「さまざまなジャンルの人が集ってくれてうれしい」と店主（右）

1・2階合わせて34席。6〜10月頃はオープンエア席も開放される

界隈の風景に溶け込み、通りをウォッチング！

狸小路沿いのオープンエア席が風物詩になっている、タヌキスクエアの〝顔〟的なダイニングバー。店名は「昼に寝る」が由来の造語で、個性的な店構えと同様に、店主の遊び心とセンスが利いている。多国籍のメニューは、つまみに肉料理、麺類、ご飯物、デザートまでと幅広く、お酒のラインナップも充実。狸小路ウォッチングを楽しみつつ、ほろ酔いになってゆくのが、何だか妙に心地いい。

hilninel《ヒルニネル》 1F

1／「旨コクえびの油そば」870円。ノーマル（写真）のほか、黒（焦がしニンニク風味）、赤（ピリ辛ゴマ風味）の3タイプが揃う

2／「アボカドと蒸し鶏のわさびしょう油和え」600円

電話：011･596･9188
営業時間：17：00〜翌2：00
定休日：月曜

道産サフォークラムの絶品炭火焼き！

日本に流通するラム肉は、輸入肉が大半を占め、純国産はわずか0・7％ほど。希少な国産の中でも、とりわけ高級な北海道産サフォークラム肉にこだわる専門店がこちら。牧場から一頭買いし、丁寧に下処理するため、新鮮なうえ、フィレやタンなどの希少部位も楽しめるのが強みだ。醤油ベースのまろやかな特製ダレは、ウズラの生玉子入り。これを絡めて味わえば、羊肉の概念が変わるはず！

士別バーベキュー ハナレ 2F

羊肉のソーセージと、その日のおすすめ部位2種類が味わえる「3種セット」1800円。焼き野菜は500円。（各税別）

店長の柏倉貫二さんが、ベストな焼き加減を指南してくれる

電話：011･213･0560
営業時間：17：00〜翌1：00（LO24：00）
定休日：不定休

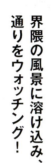

白に統一されたカウンター席に、
季節の花々がさりげなく置かれている

スパイスが効いた無水カレーも
人気。具はその時々で変わる

小さな呑み屋さん ipeko.《イペコ》

1F

一日の締めくくりに!
一人酒の特等席

1階の奥、左右の通路に挟まれて、ひっそりとライトを灯す小さな酒場。「仕事帰りに一人で『ふぅ〜』と一息つける、心地よい居場所でありたい」と店主の小原綾子さん。つまみは、野菜を中心とした日替わりの手作り総菜で、ヘルシーなうえ、ビタミンもしっかり補給できるのがうれしい。ほんわかムードの小原さんと話しながら飲んでいると、イヤなことがあった日もハッピーに締めくくれそう。

電話：090·6445·3583
営業時間：18：30〜23：00
定休日：日·月曜

「日替わりプレート」1000〜2000円。
量は空腹具合によって調整してくれる

ついついワインが進む
イタリアの母の味

週替わりのタパスとイタリアの田舎料理を、気軽に楽しめるバール。メニューは、店主の白川さんが、語学留学でイタリアやスペインに滞在していた頃、ホームステイ先で習った家庭料理が中心だ。「見た目は地味な料理も多いですが、毎日食べても飽きない優しい味わいで、ワインとの相性も抜群です」と白川さん。相当イタリアンを食べ歩いている人も、ここではまた違った魅力と出合えるはず。

Bar Saporito《バール サポリート》

2F

カウンターのショーケースには、本日のタパスが
並ぶ。テーブルやテラス席もある

砂肝のコンフィなどタパス
(小皿料理)はオール300円
(税別)。お通しとして好み
の一品を選べる

チーズをたっぷりかけて味わう「レモンのスパゲッティ」800円(税別)。さっぱりさわやかな味わい

電話：011·206·0067
営業時間：17：30〜翌2：00
定休日：火曜　※2017年10月以降は日曜に変更

左／長年、狸小路7丁目を拠点に活動してきたアルキ&アリエさんはM'Sオーナーとも付き合いが長い。とりわけこの界隈への愛情は深い

右／アラブ音楽やワールドミュージックのBGMが流れ、カウンターにはシーシャの喫煙具が並ぶ

シーシャをくゆらせ 非日常の世界を体感

タロット占星術の先駆者として30年以上活躍するアルキ&アリエさんのカフェ。占いは完全予約制（当日もOK）で、18時以降は、札幌では珍しいシーシャ（水タバコ）のバーとして営業している。シーシャとは中東が発祥の喫煙文化。フレーバー付きの葉を加熱し、水を通した煙をパイプで吸い、その味と香り、ゆったりとした煙を楽しむもの。異文化に触れ、非日常の世界に浸ってみよう。

占いは、女性の悩みに寄り添い、的確なアドバイスをくれると評判

アルキ&アリエ Cafe《カフェ》 Belly《ベリー》 Seven《セブン》 2F

シーシャ（1本）に1ドリンク付きで1500円～。シーシャは20種類以上が揃う

電話：011·206·7339　営業時間：18：00～24：00
※占いカフェは13:00～20:00（完全予約制、女性限定。予約は電話011·232·4193へ）　定休日：不定休

好きな音楽に包まれて 青春時代にプレイバック

80年代の邦楽をBGMに、鉄皿ナポリタンを頬張りながらグラスを傾ける――。店主の桑折龍郎さんは、長年すきのでレストランを経営してきた飲食業のベテラン。「一人でひっそりと、好きなようにやりたくてね」と、この小さなバーを開いた。桑折さんは山下達郎や井上陽水の大ファンで、同世代の常連客と盛り上がることが、何より楽しいという。今宵も、大人たちの青春リバイバルは続く。

おそうざいBAR RotsuTa《ロッタ》 1F

「懐かしの鉄皿ナポリタン」700円。1.7mmの太麺に、ピーマン、タマネギ、赤ウインナーが入るB級感がたまらない

厚さ1cm以上もある「厚切りハムカツ」200円は、ブルドックソースで!

カウンターには80年代のCDがずらりと並ぶ。奥にはテーブル席もある

電話：090·2871·8006　営業時間：17：00～翌1：00
定休日：日曜不定休

TANUKI SQUARE

相馬さんは19歳で和食料理人の道へ。「目上のお客様から可愛がってもらっています」

客の好みに寄り添い旬の食材をアレンジ

平成生まれの若き料理人が、一人で切り盛りする和食店。メニューは、店主の相馬祐介さんが、鮮魚店で吟味して仕入れる魚介など、旬の食材を使った素材ありきの一品料理が中心で、「裏メニューの方が多いので、品書きはあってないようなもの」と相馬さん。「こんなのできる?」と声が掛かれば、客の好みに耳を傾け、腕を振るう。そんな気ままなやりとりも、この店の醍醐味なのかもしれない。

隠れ和創 祐馬

2F

右／本日の煮魚の主役は日替わり。写真は「サバの煮付け」600円

左／葛粉で滑らかな舌触りに仕上げる自家製の「ごま豆腐」700円

店内は靴を脱いで上がる、掘りごたつ式のカウンター席のみ

電話：011・522・9211

営業時間：17：00～24：00(LO20：30)

定休日：日曜

上／日替わりの「お通し」300円。写真はフキのきんぴら、トマトのピクルスなど

下／ファンの多い「ポテトサラダ」300円。ドレッシングやバターでコクを加える

わずか8席の一体感と家庭的な味に癒される

30～40代の単身赴任者が、家庭の味を求めて集う女将酒場。「小さな店なので、常連さんと二人三脚でやらせてもらっています」と店主の原由美さん。定番の和総菜や日替わりの焼魚などが中心で、飽きのこない優しい味わいにホッとする。「常連さんが札幌を離れても『結婚したよ』と報告してくれるのがうれしいの」と原さん。常連客にとって、姉であり、母であり、時には娘のような存在なのだろう。

ぽんぽこ座

1F

カウンターのみの8席。ほど良いコンパクトさが、客同士の一体感を生み出す

電話：090・9080・5643

営業時間：17：00～24：00

定休日：不定休

おまかせ串揚げは1本180円（税別）。お腹がいっぱいになったら「ストップ」をかけるスタイル

関西の食文化と道産食材のコラボ！

関西風の串揚げ専門店。店主の福田さんは道産子だが、大阪に住んでいた頃、串揚げのおいしさにハマり、自ら専門店をオープンさせた。食材は、なるべく安心・安全な道産を使い、きめ細かい生パン粉をまとわせることで、サクッと絶妙な食感に揚がるのだという。串揚げは、おまかせのみ。食材のバランスと、頃合いを見計らって一本ずつ丁寧に揚げてくれるので、心ゆくまで熱々を頬張りたい。

福《ふく》

1F

上／「おいしい!と声が上がるとホッとします」と福田さん
下／和モダンな店内。入口がふたつあるのもユニーク

電話：011·233·5105
営業時間：17：30〜23：00（LO 22：00）　定休日：日·月曜
（祝日の場合は不定休、要問合せ）

カウンター7席の隠れ家ショットバー

2017年6月にオープンしたタヌキスクエア最新のショットバー。店主の山崎吉昭さんは、長年南3条通りでバーテンとして働いてきた〝酒場育ち〟。10年ほど違う業界に務めたが、かつての血が騒ぎ心機一転、独立開業に踏み切った。「昔から漫画『レモンハート』が好きで、その世界観をギュッと詰め込んだ感じ」と山崎さん。さて、このカウンターではどんな酒場物語が繰り広げられるのだろう。

お酒のウンチクに詳しい山崎さんとのトークも楽しい。21時まで入店するとノーチャージのサービスも

山崎

2F

左／寒い季節はおでん（1品140円〜）がおすすめ。夏は、山崎さんオリジナルのスープカレーも登場
右／ポン酢でさっぱり味わう「手づくりぎょうざ」480円。胃に優しく収まり、お酒の締めにもちょうどいい

電話：011·218·9101
営業時間：18：00〜翌4：00
定休日：日曜

これがエムズのカオス

エムズマニアもうなずく
エムズにまつわる〝あるある〟をちょっとチェック。

内装自作が自慢のお店

エムズには店主自ら内装を手掛ける所が多々あります。独自の世界を大切にする店主が多く、ペンキ塗りなどは序の口で、漆喰壁まで手づくりしたりして。なかにはカウンターを丸ごと作り上げた本格派も。

ゴメンなさいと廊下の挨拶

古い家屋を改築しての空間だから、なにしろゆとりがない。すれ違うのがやっとという所もあったりして、なかなか大変。その分ふれあいが生まれたりして…というのは妄想？

エムズの原点、木造2階建て

なかでもエムズスペースの昭和チックな木造りの階段が、エムズ独特の空気を醸し出しています。すり減った踏み板が、通った年月を想い起こさせ、ちょっとセンチメンタルになるのは、酔いのせいにしよう。

トイレから帰れない！

行きはよいよい、帰りはどっち？ 想い入れいっぱいの店づくりの結果、通路が迷路のようになってしまって、来ていたお店に戻れないという事がままあるようです。道順はしっかり確認のうえ、ご利用はお早めに。数が少ないため混み合いも、どうかご容赦を。

秘密の抜け道？

エムズのなかには隣り合う建物が連結している所も。タヌキスクエアとエムズビルヂング。エムズイーストとエムズイーストⅡは、それぞれ行き来ができるのです。事前に確認しておいて、通ぶりを発揮してみては？

エムズの計らい

初めての店に入る時は、ちょっと勇気がいるようです。そこで「エムズの小窓」。廊下につけられた小窓からお店の様子がうかがえます。一見さんへの小さな計らい。エムズですねえ。

駐輪違反は大丈夫？

エムズの前にはいつも自転車がズラリ。自転車で通うお店のスタッフが主だけど、お客さんの中にも愛用者が多いよう。サッと乗りつけて、サッと帰る。長居をしないスマートな遊び方。カッコいいね。

注文の少ない客たち

エムズには店主がひとりで切り盛りするお店が多いのです。ですから我先にと注文するのは野暮というもの。大人たちは頃合いを見計らってまずは一、二品をそっと注文する。粋な客たちです。

か興味津々

観に共感を覚えるのか、アジア
表をウロウロ。エムズもそろそ
？ でもマナーを覚えてからに

どうぞどうぞ

と、一見さんに大サービス。エムズの常連さんは人懐っこいのか、おせっかいなのか？通ってみるとわかります。

M'S ビルヂング

南3西7

2016年9月に誕生したM'Sのニューフェイス。らせん階段で結ばれた地下から3階までの4フロアに、多種多様なジャンルの15店が看板を掲げる。TANUKI SQUAREへワープできちゃうヒミツの通路も!

ブルーのらせん階段をクルクル
上がっていくのも楽しい

狸小路7丁目の西側、新旧の店が渾然一体となった一角に立つ。新しいが、不思議議と界隈の雰囲気に馴染んでいる

さりげない"隙"に癒される大人のためのオアシス

オープンキッチンの店内はスタイリッシュだが気取りがなく、自然と心が和む"隙"が用意されている。店主の中嶋一賀さんは、もともと西野でハンバーガーカフェを経営していたが「男性が一人でふらっと立ち寄れる店がやりたくて」と、この店を開いた。

「何を食べてもハズレがない」と評判のメニューは、和のテイストを散りばめたイタリアン、フレンチが中心。軽いアテから、しっかりお腹を満たせる一皿まで、どれも繊細な味わいで、シェフの実直な人柄と仕事ぶりがにじみ出る。グラスワインは、日替わりのヴァンナチュールを含め、白、赤、泡と計7種類。まずは前菜盛り合わせを手始めに、軽く一杯といきたい。

FORK《フォーク》

1F

上／飲食業の前は洋服店で働いていたという中嶋さん。店の雰囲気と同様、スタイリッシュで物腰し柔らかだ

下／コアな客層は40～50代。7：3で女性客が多いという。特に週末は込み合うので、予約がおすすめ

おすすめ6～8品が並ぶ「FORKの前菜盛り合わせ」1200円（ハーフ700円）。グラスワインは500円～

道産米を食べて育った鶏の白い玉子「米艶」を使った「白いだし巻き玉子」580円

電話：011･212･1571
営業時間：18：00～24：00（LO23：00）
定休日：不定休

水間将起さん（右）と調理担当の店長・阿部佑香さん（左）。二人とも「STANLEY MARKET」（P103）などエムズ畑で育った

テーブルがメインの27席。カウンターには、テキーラの瓶がずらりと並ぶ

ワイルドな中南米料理とテキーラで陽気に乾杯！

EL tope《エル トペ》

2F

メキシコ、ペルー料理を中心に、約70種類のテキーラが楽しめる中南米料理店。「カンクーン」（P104）の姉妹店として「札幌であまり馴染みのないジャンルを開拓したくて」と統括マネージャーの水間さん。オープンに向けてテキーラ・マエストロの資格も取得したという。

人気メニューは、メキシコ版ステーキ「ファヒータ」に、特製ケイジャンスパイスで殻ごとグリルしたバーベキューシュリンプ、自家製タコスが三本柱。ライムやパクチー、スパイスに唐辛子など南国らしいアクセントと味わいに、テキーラが何ともよく合う。

テキーラ初心者も、水間さんに指南してもらい「サルー！」と盛り上がろう。

電話：011･215･1686
営業時間：18:00～翌2:00（金・土曜は～翌5:00、LOフード各1時間前、ドリンク各30分前）
定休日：月曜

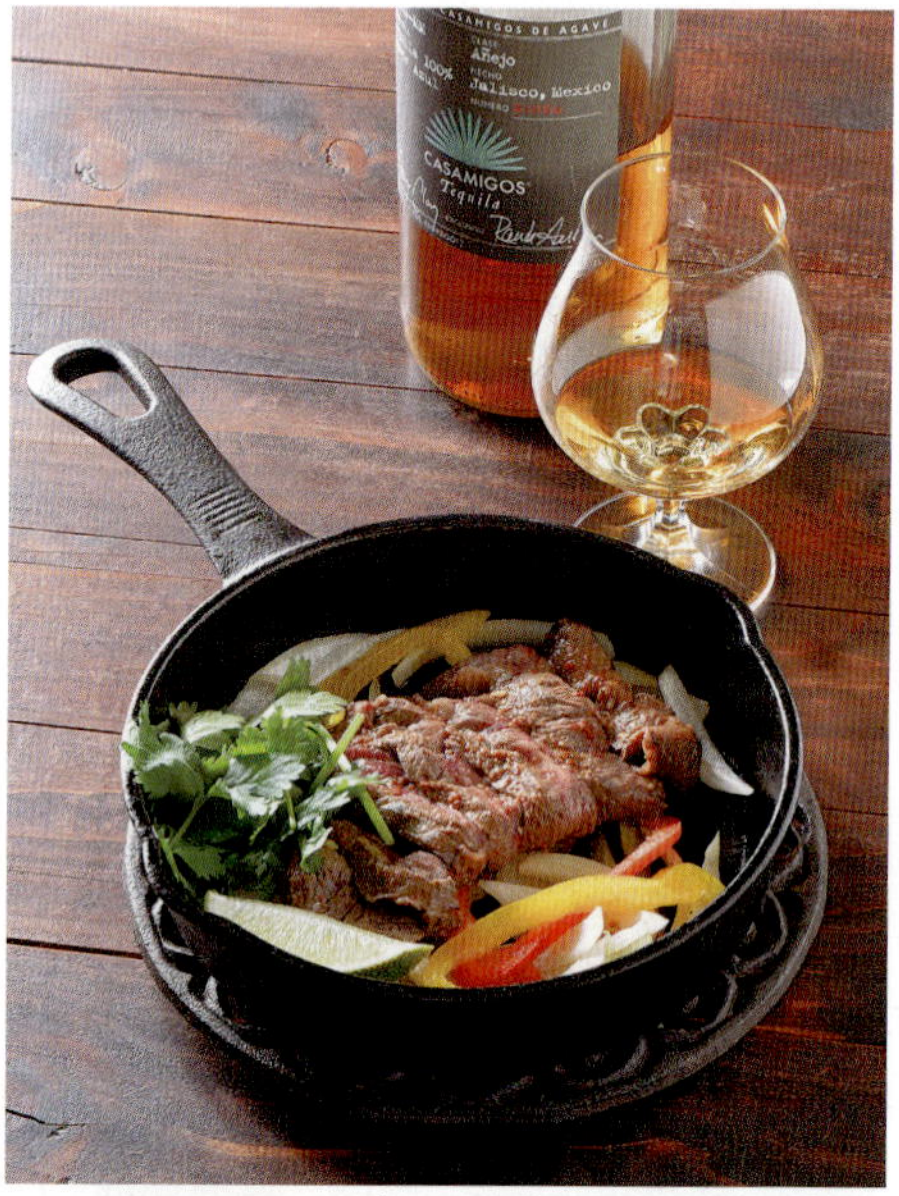

牛ハラミを特製だれでマリネし、じっくり焼き上げた「ファヒータ」1520円。ライムをキュッと搾って、豪快に頬張りたい

食用サボテンを使ったサラダ「ノパリートス」650円。メキシコ産唐辛子の風味とライムの香りがさわやか

カウンターとテーブルの計17席。ほど良い狭さに、客同士の一体感が生まれる

朗らかでノリがいい渡辺さん。あねご肌を慕って通う常連客も多い。好みの味を伝えると、おすすめの一杯とそれに合うアテを選んでくれる

抜群の居心地に誘われて
ワイン好きが夜な夜な集う

ワイン酒場 タスク

1F

バーではなく、あえて〝ワイン酒場〟としているのは、「かしこまって飲むというイメージから離れて、わいわい気楽にワインを味わってほしいから」と店長の渡辺ゆりさん。グラスワインは、イタリア、フランス、ドイツなどを中心に、オーガニックを含め、赤、白と常時14種類も揃い、つまみに合わせてあれこれ飲み比べできるのがうれしい。

おすすめは、サクラチップで仕上げる自家製の燻製シリーズ。鶏や牛など肉類をメインに、魚介や野菜など15品前後がメニューに並び、どれも素材の旨味が凝縮され、ほのかなスモーク香がワインと見事にマッチする。おいしい酒肴と居心地のよさについつい飲まさる、魅惑の酒場だ。

「自家燻製のお得な5点盛り」1000円。写真は、合鴨ロースト、和牛、トマト、シイタケなど。グラスワイン500円～（各税別）

「パリパリ皮の燻製チキンレッグ」800円（税別）。しっとりとした肉と香ばしい皮目のバランスが絶妙

電話：090･2699･0912
営業時間：18：00～24：00
（木･金･土曜は～翌2：00）
定休日：月曜

「ただいま～」と帰りたくなる包容力に癒されて

女将の伊藤さん（右）と、スタッフの眞室義一さん（左）。それぞれが得意ジャンルで腕を振るう

白い暖簾をくぐると、割烹着姿の女将・伊藤さと美さんが笑顔で出迎えてくれる、おばんざい処。L字カウンターの上には、16～18品の大皿料理がずらりと並び、ほっこりとした空気感と気取りのない〝晩めし〟の匂いに、思わず「ただいま」と言いたくなる。季節の素材を盛り込んだ日替わりのおばんざいは、オール500円。野菜の煮浸しや魚の甘露煮など、どれも家庭的だが、ダシを効かせた優しい味わいとひと捻りありのアレンジで、常連客を惹きつける。「転勤で札幌を離れた常連さんが、わざわざ来てくれたりして。お客様にはホントに恵まれています」と伊藤さん。ここには、帰巣本能をくすぐる引力があるようだ。

おばんざい処 なな竈《かまど》

3F

上／カウンター席は、掘りごたつタイプ。靴を脱いでくつろげる

左／おばんざいのなかでも特に人気の「ポテサラちくわ」と「トマトの三杯酢」各500円

右／野菜、肉、魚がバランスよく盛り込まれたおばんざい。温め直して、熱々を提供してくれるのもありがたい

電話：011･210･8038
営業時間：17：00～24：00（LO23：00）
定休日：日曜

ワインバーかと見まがうスタイリッシュな店内。若い女性客も多いという

「土地の個性を映すのが日本酒のおもしろさ」と話すオーナーの横井さん（左）と、スタッフの菅原さん（右）。2人はともに180cm以上の長身だ

純米酒専門 YATA《ヤタ》 札幌狸小路店

1F

間口は広く、奥深い酒との一期一会を満喫

常時30種類前後の銘柄を揃える純米酒専門の立ち飲みバー。オーナーの横井英さんは、名古屋の酒小売店で働き、日本酒の魅力に開眼。暖簾分けで独立し、大学時代を過ごした札幌でこの店を開いた。

全国各地の純米酒は、瓶ごとに随時入れ替わり、年間約800銘柄が登場する。単品（一律500円）でも楽しめるが、初めて訪れるなら、自由に飲み比べが楽しめる「利き酒コース」（1時間2000円）を。甘口、スッキリなど好みを伝えると、日本酒コンシェルジュの菅原一仁さんがおすすめの1本を選び、冷酒はワイングラスに、燗酒は錫チロリに注いでくれる。

ついつい盃が進んでしまう酒肴のランナップも心憎い。

手前から時計回りにマグロの酒盗を添えた「ポテトサラダ」「ホタルイカの炙り」「スルメの麹漬け」各500円

「クリームチーズのわさび和え」500円。さまざまなタイプの醤油やいぶりがっことのマッチングを楽しんで

電話：011・211・5145
営業時間：17：00〜23：30
（日曜、祝日は15：00〜23：00）
定休日：無休

若きシェフが腕を振るう
注目の新鋭フレンチ

クヴェルクル

2F

2016年のオープンながら、あっという間に評判を呼び、『ミシュランガイド北海道2017特別版』では、ビブグルマンに選出された新鋭フレンチ。店主の高橋幸嗣さんは、東京「コート・ドール」の斉須政雄氏に憧れ、料理人の道へ。専門学校を卒業後、斉須氏のもとで修業を積んだ後、フランスで1年ほど〝食の旅〟を経験し、故郷・札幌で独立開業を果たした。

　メニューは季節の食材を盛り込んだ前菜、肉・魚料理のアラカルト。「食材の存在感を大切に、酸味のバランス、しっかりと輪郭のある味わいを心掛けています」と高橋さん。店は15席と小さいけれど、若きシェフのポテンシャルは計り知れない。

赤ワインだけで煮込んだ「北海道産牛ホホ肉の赤ワイン煮」2480円。まろやかな酸味が肉の旨味を引きたて、ポテトグラタンともよく合う

1／斉須政雄氏の著書『調理場という戦場』に出合い、料理人を志したという高橋さん

2／「苫前産カスベのムニエール　焦がしバターソース」2280円。シェリービネガーやレモンを加えたソースが食欲をそそる

3／店内はテーブル席が中心。アラカルトを数名でシェアして楽しみたい

電話：011･200･0019
営業時間：17：30〜24：00（LO23：30）
定休日：月曜（祝日の場合は翌日休）

階段の下は意外と広く、テーブル中心の22席。オープンキッチンに面したカウンター席も

「軽く一杯はもちろん、お酒ナシの食事だけでも大歓迎ですよ」とオーナーの徳丸さん

甘辛が絶妙に溶け合う
担々麺にリピーター続出!

中華×バル
門《もん》チュウ

B1F

1階の通路に面した扉の向こう、地下へ延びる階段をトントン降りた先にある、隠れ家的な中華バル。オーナーの徳丸哲也さんは、もともと大の中華好きで、さまざまな店を食べ歩いてきたが、「かしこまらず、大衆的過ぎず、気軽に本格中華を楽しめる店があったらいいな」との思いから、この〝中華バル〟を開いた。

人気メニューは、自家製のチーマージャン（練りゴマのペースト）と、2週間ほど熟成させた特注麺を使う「四川担々麺」をはじめ、甘辛いネギだれで味わう「門チュウザンギ」、外はパリッと香ばしく、中はジューシーな「鉄鍋棒餃子」など。熊本直送の新鮮な馬刺しをつまみに、紹興酒を味わうのもおもしろい。

まろやかでコクのあるスープに、ラー油の刺激がピリリと効いた「四川担々麺(白)」850円。黒、赤のバリエーション各950円も楽しめる。(各税別)

定番人気の「豚バラ麻婆豆腐」(手前)と「豚肉とキャベツの回鍋肉」各800円。1個分のスライスが入った「まるごとレモン氷彩サワー」500円もぜひ(各税別)

電話:011･211･0707
営業時間:18:00～翌1:00(LO24:00)
定休日:水曜

スタイリッシュだが、遊び心が散りばめられた店内。夏はテラス席も利用できる

焼鳥店や居酒屋などで腕を磨いてきた本間さん（左）。スタッフとの連係プレーもバッチリだ

その時々の季節物が加わる全国の地酒や自然派ワインのラインナップも充実

持ち味を最大限に引き出す店主の〝鶏肉愛〟に脱帽！

ハニーマスタード、四川山椒の2種類のソースが添えられる「丸鶏半身焼」1280円。「一羽焼」2180円もある（各税別）

トリタベルカ

B1F

「こんな楽しみ方もあったの!?」と、新たな魅力を再発見させてくれる鶏料理の専門店。

主役の鶏肉は、青森県産、道産、九州産など、調理法や部位によって産地を使い分ける。「自家製せせりのおつまみジャーキー」や「ふわふわきんかんの鶏もつ煮」など馴染み深いはずの鶏料理も、鶏肉を熟知した店主・本間譲さんの手に掛かれば目からウロコの味わいに！　なかでも名物の「丸鶏半身焼」は、スチームオーブンで6割ほど火を入れた後、さらに直火で炙るため、皮目はパリッと香ばしく、中はしっとりジューシーな焼き加減が絶妙。最後は、トリタベルカ風の「親子丼」で締めるのもいい。鶏肉好きは、素通りできない一軒だ。

電話：011･251･0826
営業時間：17：00～翌1：00（LO24：00）、日曜は～24：00（LO23：00）
定休日：月曜

亜璃西社《ありすしゃ》の読書案内

続 和田由美の札幌この味が好きッ！

和田由美＝著／好評グルメガイド第２弾。食いしん坊の人気エッセイストがおススメする46軒を紹介。沿線のグルメルポ「市電でぶらりランチ＆カフェ」も見逃せない！

A5判・128頁／本体1,500円＋税

和田由美の札幌この味が好きッ！

和田由美＝著／札幌の飲食店を40年余り取材してきた人気エッセイストが、本当は教えたくない全53軒を紹介。好評新聞連載をまとめた、札幌グルメガイド決定版。

A5判・136頁／本体1,500円＋税

さっぽろ味の老舗グラフィティー

和田由美＝著／新聞の好評連載から、札幌で25年余り愛され続ける味の老舗69軒をセレクト。各店の歴史や味の秘訣、人情までを案内する。作家・小檜山博さんとの対談も収録。

四六判・168頁／本体1,400円＋税

さっぽろ酒場グラフィティー

和田由美＝著／おでん、焼き鳥の名店から、居酒屋、バーまで、20年以上続く老舗酒場を中心に、50軒余りを著者が厳選。呑んべえ待望の書が、ここに誕生！

四六判・192頁／本体1,300円＋税

さっぽろ喫茶店グラフィティー

和田由美＝著／ベストセラー『札幌青春街図』を生んだ著者が、懐かしい学生街の店や音楽喫茶など一世を風靡した時代の店を記憶と写真でつづる傑作コラム集。

四六判・152頁／本体1,200円＋税

さっぽろ狸小路グラフィティー

和田由美＝著／生誕140年を迎えた老舗商店街の歴史と魅力を紹介。明治期から現在までの歩みを、80余店のルポと歴史トリビアで軽やかにつづるシリーズ第４弾。

四六判・224頁／本体1,400円＋税

ほっかいどうお菓子グラフィティー

塚田敏信＝著／明治から昭和にかけて生まれたローカル菓子を、お菓子博士が独断でセレクト。全道各地で愛される約60品を紹介した、これぞまさに“読むお菓子”。

四六判・240頁／本体1,400円＋税

さっぽろ昭和の街角グラフィティー

浦田久＝画・文／昭和３年生まれの著者が記憶と写真で描いた、昭和20～30年代の消えた札幌。そのスケッチと回想から、往時の街並みや建物を振り返る。

A4変型判・176頁／本体3,200円＋税

ほっかいどう映画館グラフィティー

和田由美ほか＝著、浦田久＝画／昭和の劇場からミニシアターまで、札幌を中心に全道71館を紹介。想い出の名画ポスターとともに青春のスクリーンがここに甦る。

四六判・200頁／本体1,800円＋税

亜璃西社 〒060-8637 札幌市中央区南2条西5丁目メゾン本府7F TEL 011(221)5396／FAX 011(221)5386 ホームページ http://www.alicesha.co.jp/

野菜はニセコの農場から
自ら仕入れるという緒方さん

木の温もりが心地いい店内。
内装は店主自ら手掛けたという

道路に面して掲げられた「もっきりバル」
の白い暖簾が目印

その日のおすすめをピックアップした
「おまかせ小鉢3点盛りプレート」
1300円（税別）

グラス2杯分がたっぷり注がれる
「もっきりワイン」は、赤、白、ロゼ
各420円。スパークリングは520円
（各税別）

グビッ！といきたい大衆ワイン酒場

もっきりバル

1F

升入りのグラスに注がれる〝もっきりワイン〟とバラエティ豊かな洋風小鉢を、肩肘張らずに楽しめる大衆バル。20品ほどの小鉢は、400～600円（税別）と手ごろな価格帯で、和や中華のエッセンスを織り込みつつも、着地点は「ワインに合うアテ」とオーナーの緒方雄冬さん。なかでも、新得町の牧場から直接仕入れるトムラウシ産ジャージー牛のもつ煮込みや手作りぎょうざ、シビレ（仔牛の胸腺）の山椒焼きは、リピート率の高い人気メニューだ。「きっちりではなく、ざっくばらんにワインを楽しんでほしい」と緒方さん。グラスからあふれ、升まで並々と注がれるワインには、そんな思いが詰まっている。

電話：011・215・1303
営業時間：17：00～24：00（LO23：00）、
金・土曜は～翌1：00（LO24：00）
定休日：火曜不定（祝前日は営業、翌日休）

ドアから突き出た手首に思わずギクッ。勇気を出して開けてみよう

女の子の3Dマスクは27体！佐藤さんは「ドーターズ」と呼ぶ

佐藤さんは、もともとタワーレコードに勤務。2013年、M'S SPACEに同店をオープンし、17年に現在地へ移転した

今宵は何が起こる!? 刺激的な隠れ家サロン

SALON タレ目 3F

ほの暗いカウンター席に、3Dマスクがずらりと並ぶセンセーショナルな空間。お酒がメインだが、バーでもパブでもない。時には、ライブやDJイベント、フリーマーケットまで、音楽好きの店主・佐藤大作さんが「刺激的」と感じることをノンジャンルで開催する。ミュージシャンやクリエーターが、そんな佐藤さんを慕い、おもしろがり、夜な夜な集う。ユニークで、濃ゆ～い〝サロン〟だ。

シナモンとナッツのような風味があるベトナムウォッカ「ネプモイ」600円。コーヒー焼酎500円も人気

電話：090•6264•4139
営業時間：19：00～翌2：00
定休日：月曜

少年のような笑顔の横江さん。頼めば、裏メニューも作ってくれる

ハリウッドスターを唸らせたSUSHI

寿司ではなく、アメリカンな〝SUSHI〟が味わえるダイニング。店主の横江譲司さんは、アメリカ各地の寿司店を30年ほど渡り歩き、ハリウッドでは名立たるスターにも腕を振るってきた。

見た目もポップなロール寿司は、海苔で巻いて揚げる、炙るなどの調理法から、アボカド、ニンニクチップと食材使いまで独創的だが、ひと口頬張ると、納得のハーモニー。SUSHIにハマりそうだ。

Join《ジョイン》 sapporo《サッポロ》 2F

1／マグロの赤身とビンチョウ、アボカドを海苔で巻いて揚げた新メニューの「アンジー」1000円（税別）

2／ドラゴンロールなど人気のSUSHI3種類を盛り合わせた「トリプルA」1000円（税別）。食材の状況により数に限りあり

3／オープンキッチンのカジュアルな店内

電話：011•213•0622
営業時間：18：00～翌2：00
定休日：月曜

キッチンに面してカウンター席があり、
その奥にテーブル席が並ぶ

和食の料理人が手掛ける 気軽だけど奥深い鶏料理

昼はワンコインランチ、夜はザンギや串焼きが味わえる鶏料理専門店。人気のラーメンは、鶏ガラがベースで、透き通ったスッキリ系の清湯は塩・味噌、まろやかで濃厚な白湯は醤油と、味によって2種類のスープを使い分ける。店長の阿部順一さんは、和食一筋のベテラン料理人だけに、ほど良く味が染み込んだザンギや、鶏ダシの厚焼き玉子など気軽なメニューにも、いぶし銀の技が効いている。

鶏Jun《とりじゅん》 2F

電話：011·205·0148
営業時間:11:30～14:30(LO)、
18：00～24：00
定休日：日曜

1／一番人気の「鶏白湯ラーメン」580円。極細麺に鶏モモチャーシュー、キクラゲ、揚げ玉などがのる
2／サクッと揚がった「ザンギ」1枚500円もうまい（各税別）
3／店長の阿部さん。「名前に『ジュン』が付く人には、鶏料理を1品サービスしちゃうよ！」

まぜてまぜて、頬張る！ 魅惑のハーモニー

店名にピンと来た人は、スープカレー好きに違いない。店主の大島健嗣さんは「スープカリィ ベンベラネットワークカンパニー」（P20）の元店主。「多忙な日々が続いたので、シフトチェンジしたくて」と、件の店を知人に譲り渡し、台湾まぜそばとタコライスの店を開いた。麺やご飯にのった挽き肉や薬味などをよく混ぜて味わうのだが、どちらも香辛料のアクセントが絶妙。スパイス遣いは健在だ。

長年、札幌の飲食業界で活躍してきた大島さんは、トークも軽妙

bembera mambo《ベンベラ マンボ》 3F

白壁にポップなカラーが映える。お酒とつまみで軽く一杯もアリだ

電話：011·212·1758
営業時間：13：00～20：00
定休日：不定休

右／「メキシカンタコライス」800円。スパイスが効いた挽き肉が温玉とよく合う
左／「台湾まぜそば」800円。甘辛い挽き肉に生玉子、パクチーなどを豪快に混ぜて！

大判の油揚げにマヨソースやチーズをのせて焼いた「アホきつね」650円(税別)

ひと捻りありのつまみと通好みの地酒で一献

酒とおばんざい OMOMUKI《おもむき》 3F

白壁の店内は一見カフェ風だが、和食中心の品書きには、酒飲みの心をくすぐる前菜や一品料理がずらり。店主の今千布美さんは「私がお酒好きなので、自然とこうなっちゃうんです」と笑う。地酒や焼酎は、自分が「飲みたい!」と思ったものを仕入れているそうで、おすすめは随時入れ替わる。「ポテトサラダのうまい店にハズレなし」という呑兵衛ジンクスがあるけれど、この店もまた例外ではない。

もともとはバーだったが、17年6月から居酒屋スタイルに変更

ビールにも日本酒にも合う、ピリ辛の「ポテトサラダ」500円(税別)

店主の今さん。初めて訪れる人も、恵比寿様のような笑顔にほっこり

電話:080-7810-2740　営業時間:18:00～翌1:00(LO24:30)
定休日:水曜(祝日の場合は翌日休)、ほか不定休あり

舌の上でスーッと溶けるフワフワの食感に感激!

キャッチュ 3F

札幌では珍しい、かき氷の専門店。店主の小谷昌大さんは、東京の行列店で2年ほど修業を積み、独立開業の新天地を求めて札幌へやってきた。

かき氷は、純度の高い「純氷」にこだわり、空気を含ませながら極薄に削ることで、新雪のようなフワフワの食感に仕上げる。練乳やシロップもすべて手作り。いちごミルクなど定番のほか、ほうじ茶、アボカド、ティラミスなど多彩なフレーバーが揃う。

一番人気の「いちごミルク」(手前)と、リキュール入りの「ミントミルク」各700円。白玉やクッキーなどの5品から好みで2品を選べるトッピング付き

メニューは日替わりで、6品前後がカウンターのボードに並ぶ

「せっかく店を開くなら、一番北がおもしろいと思って」と小谷さん

電話:080-5670-8829
営業時間:12:00～17:00(食材がなくなり次第終了)
定休日:月・火・水曜(祝日の場合は営業)、ほか不定休あり

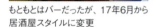

エムズの斉藤正広オーナーにとって、新宿ゴールデン街や吉祥寺のハーモニカ横丁は酒場の原点だ。「あの雑多な雰囲気が大好きなんです」と話すように、テナント第1号のエムズスペースは、そうした盛り場のムードを色濃く漂わせている。

雑居群もうひとつのルーツは、斉藤さんがかつて大阪で出合った、若い人たちが営む屋台村にある。そこをヒントに若者向けの屋台村を構想したこともあり、のちにそれがエムズスペースという形に結実したのだという。

その一方で、おしゃれな隠れ家風の建物も増えた。いずれも外観は青を基調とするが、斉藤さんにとって青は色の基本形。「淡いのから渋いの、さわやかなのと、青は面白いくらいイメージが幅広いので、そこから自由に発想しています」。

また、青い壁にオレンジ色を組み合わせるのは、反対色で目立つから。「色づかいはかわいらしさを意識していますね。飲食店は女性のお客さんが来てくれないとだめだから」。ロマンチシズムを感じさせる独特なデザインには、理由があったのだ。

大好きな場所のために――建物づくりは街づくり

そんなエムズの建物は、正面に並ぶ大きな窓がアクセントになって人目を引くが、施設内にも気になる小さな窓があった。「ススキノのビルみたいに、ドアを開けないとなかの様子がわからないのは嫌だったから、廊下に窓をつけました」。ビルは怪しげでも、小窓から店内をのぞけるようにして、それぞれの店を開放的にしている。

「でも、ぼくは建物だけつくってるんじゃなくて、街をつくってるつもり。自分の大好きな場所を活気づけたいから、つくり続けているんです」と斉藤さん。

前出のハーモニカ横丁とほぼ同じ、約100軒の店が入るエムズ雑居群の存在を、札幌っ子はもっと自慢していい。

盛り場らしい雑多な雰囲気を漂わせるM'S SPACE

M'Sを極める

Part1
ウキウキ女子会コース

さまざまなジャンルの店が約100軒も集うM'S。あの店、この店とルートを練るだけでほろ酔い気分になるくらいだが、まずはちょっと通ぶり二条横丁の地ビールで乾杯はいかが? 香り高い味を楽しんだ後は、狸小路7丁目まで酔いをさましながらぶらり歩いて、女性客に人気のワイン食堂で2度目の乾杯。締めは近くの立ち飲みバーで——。という訳で本日の女子会は、M'Sだけのはしご酒。何処も安心はずれなし!

1.
Beer Bar
NORTH ISLAND《ノース アイランド》

M'S 二条横丁 2F

1軒目は、こだわりの
クラフトビールで乾杯!

スタートは、M'S二条横丁にある醸造所直営のビアバーから。工場直送のフレッシュなクラフトビールを、旬の道産食材を使った多彩なメニューとともにじっくり味わおう。あれこれ飲み比べしながら語らえば、もうすでにほろ酔い気分。

好みを伝えて、個性豊かな8種類のビールからおすすめを教えてもらおう

ゴクリと一口味わえば、苦味や香りなど個性が際立つ味わいに会話も弾む

右/店長の土橋さんが丁寧に注ぐビールと、道産食材を使うフードで乾杯!

左/それぞれのビールの特徴にあわせて、形の違うグラスで提供。より味わいを堪能できる

電話：011・303・7558
営業時間：18：00～24：00(フードLO23：00、ドリンクLO23：30)　定休日：月曜　→詳細はP62

2.

自然派ワイン食堂 Tepp's《テップス》

TANUKI SQUARE 2F

自家製酵母の手作りパンに 女性ファンが急増中!

“パン&ワイン”に目がない女子は、ハマること間違いナシの店。パンは自家製酵母の手作りで、ワインは自然派のみにこだわる。その双方を引き立てる料理がまた絶品! ラムチョップや自家製ベーコン、羊のソーセージなど肉盛りメニューも人気だ。

電話：011･839･3364
営業時間：12：00〜14：30LO（土･日曜、祝日のみ）、18：00〜23：00LO、（金･土･日曜、祝日は17：00〜）
定休日：月曜、ほか不定休あり
→詳細はP29

「お客さんが楽しんでいる姿を見るのが一番の幸せ」と店主の河瀬さん夫妻

階段を上がると2階の左手にこの看板が見える

左／店主の河瀬さんは、東京の名店で修業を積み、料理の腕は海外で磨いた

右／自家製の羊のソーセージを使った料理は、自然派ワインとの相性も抜群!

3.

SAKANOVA《サカノバ》

U'S LAB. 1F

締めは女性スタッフばかりの 居心地いい立ち飲みバーで

最後は、U'S LAB. の立ち飲みバーへGO! ドリンクはおよそ80種類が揃い、アヒージョやカルパッチョなどのフード類も充実。オーナーや常連客と話し込むうちに、いつの間にか夜は更けて、本日のラストオーダーで乾杯!

電話：011･222･7799
営業時間：15：00〜24：00（LO23：30）
定休日：日曜（祝日の場合は翌日休）
→詳細はP105

上／通称・オヨヨ通り沿いのU'S LAB.1階にある
下／明るい人柄のオーナー・河田さん（左）やスタッフと語り合うのも楽しい

上／客同士が自然と仲良くなれるような空間
下／「札幌一美味しいものを目指した」というポテトサラダなど、フード類にも力を入れる

M'Sを極める

Part2
マニアック&ディープコース

普通の店にはもう飽きたというあなた、M'Sのマニアックでディープな店を厳選したこのコースはいかが？　狸小路のエキゾチックな店からはじまり、外人が集うバーに立ち寄った後は、創成川イーストでフレンチを堪能。ちどり足で少し西へ戻り、酒肴豊富な日本酒バルで明日を忘れて飲み明かそう!

1.
アルキ&アリエ
Cafe Belly Seven《カフェ ベリー セブン》
TANUKI SQUARE 2F

異国の香りがする
シーシャを初体験!

最初はハードルの高そうなシーシャ（水タバコ）のバーに潜入。こわごわ足を踏み入れたものの、シーシャの多彩なフレーバーに「メロンだって。ブルーベリーにシトラスミントもある!」とテンションも上がる。最後は「外国にいる気分♪」とリラックスモードに。

未知なる世界を案内してくれるのは、自らもタロット占星術を手掛けるアンヘル・アルキさん。タバコを吸えない女性も楽しめるシーシャに挑戦！

アラブ音楽に耳を傾けながらシーシャとワインを楽しめば、非日常に包まれるはず

テレビ番組でも活躍したアリエさんのタロット占星術は、女性限定で完全予約制

電話：011・206・7339
営業時間：18：00〜24：00（シーシャバー）
定休日：不定休　→詳細はP35

左／ミントの香りがさわやかなモヒートなど、カクテル系も豊富に揃う

右／まるで自宅のようにくつろげるソファ席。時間が経つのを忘れそう

電話：011･272･1039
営業時間：20：00～翌4：00（変動あり）
定休日：不定休　→詳細はP20

2.

不良外人の巣

PHONE BOOTH《フォーン ブース》

M'S SPACE 2F

店名にひるんじゃダメ! 意外と落ち着けるバーなんです

2軒目は、M'S SPACE2階の一番奥にあるバーへ。その名前からして怖い店かと思いきや、もちろんそんなことはない。ソファ席でのんびりお酒が楽しめる、大人なバーなのだ。この扉をなんの躊躇もなく開けられるようになれば、かなりのM'S通。

3.

ビストロ ラ・マルミット

M'S 二条横丁　1F

料理は2種類のコースのみ! 店主との会話もご馳走に

3軒目はM'S二条横丁のフレンチで。元倉庫を活かした石造りの店内は雰囲気たっぷり。メニューはコース2種のみで、珍しいザリガニ料理などが楽しめる。話し好きな店主と盛り上がれば、お酒もどんどん進みそう。

電話：080･6090･1820
営業時間：18：00～24：00頃
（日曜は17：00～22：00頃）
定休日：第2日曜　→詳細はP64

明るい人柄の店主・水野孝司さん。カウンターに座れば、会話もご馳走に

「Marmiteおまかせ」の阿寒湖産ザリガニの冷たいスープ。軽めのコースもある

白シャツを粋に着こなす、イケメン店主の原さん（左）

酒盗&クリームチーズなど、日本酒が進むつまみばかり

4.

真夜中のバル M'S 仲町　2F

厳選の日本酒と酒肴で 終わらない夜の向こうへ

最後の一軒は、M'S仲町の日本酒バー。さんざん飲んだあとでも、おいしい日本酒はスーッと飲めてしまうから不思議だ。おまけに、ちびちび食べられる酒肴もあってお酒が止まらない!　二日酔いの予感におののきつつ、夜は更けていく――。

電話：090･7640･4000
営業時間：18：00～翌3：00
定休日：無休　→詳細はP97

M'S
二条横丁 南2東1

創成川イースト、二条市場の真向かいに3棟が並ぶM'S。その中で最初にできたのがM'S二条横丁だ。ビアバーやイタリアン、喫茶店など個性豊かな店が揃い、一度迷い込んだら何軒もハシゴしちゃいそう。

店内は全部で10席のみ。女性客も多く訪れる

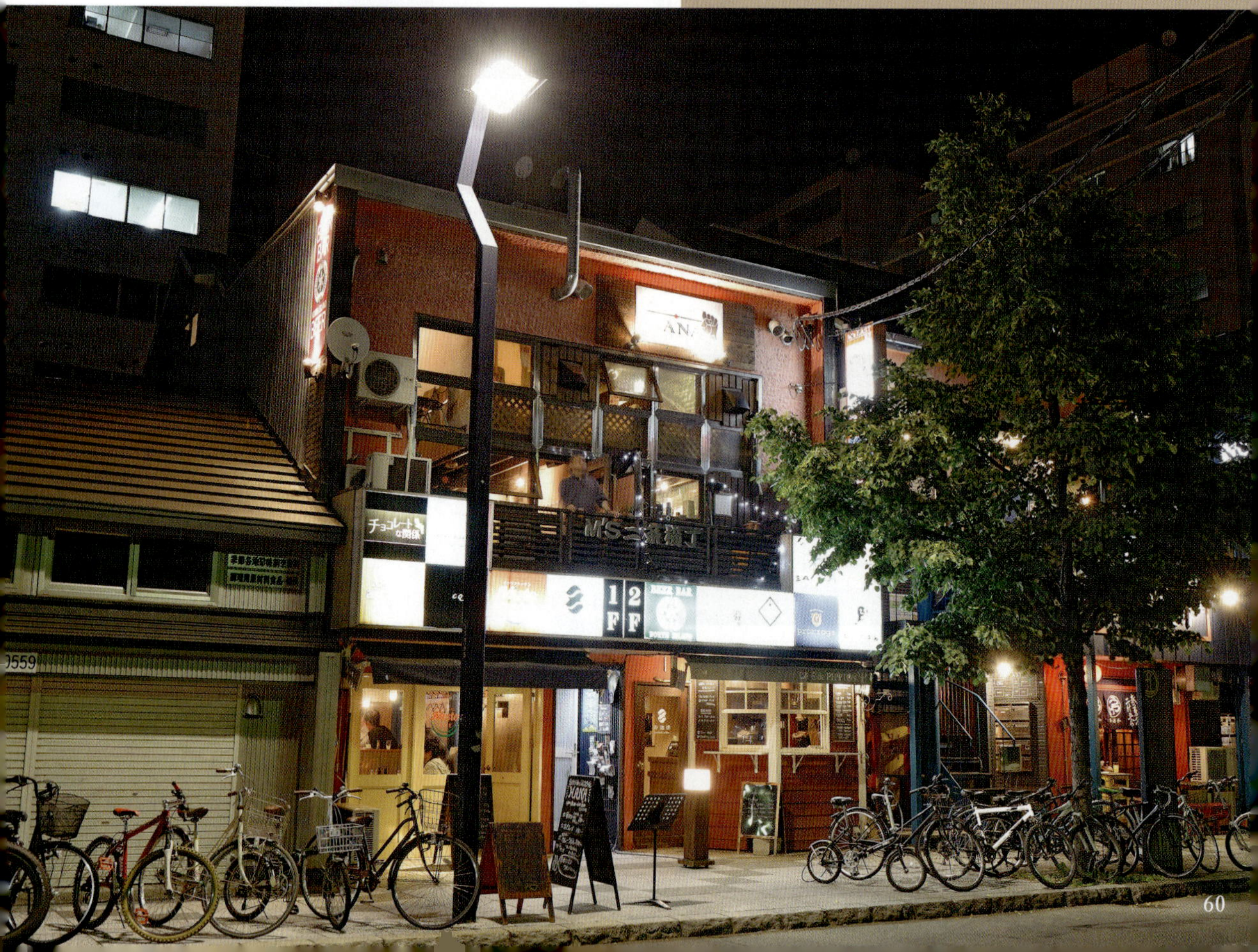

1、2階合わせ個性豊かな13店がひしめく

個性派たこ焼きが味わえる
ディープな雰囲気の専門店

おたこさん　2F

女性店主の寺田実優さんが営むサブカルチックな雰囲気のたこ焼きバー。15種類ほど揃う創作たこ焼きは、一番人気の「しおたこ焼き」をはじめ、「きむち納豆」や「なめたけバターしょうゆ」など風変わりなものばかり。それでいて味は抜群で、ふんわりとした生地の中にザク切りしたキャベツがたっぷり入っており、小気味良い食感がクセになる。

また、バナナを入れてアイスをトッピングした「チョコバナナ」、白玉を包んだ「抹茶ぜんざい」などスイーツ感覚で楽しめるものもあり、締めのデザートにもおすすめ。ビールやカクテルなどドリンクも豊富に揃うので、何個も注文してたっぷり食べるのも、つまみに一杯やるのもいい。

電話：011・301・0116
営業時間：18：00～翌1：00　定休日：不定休

一番人気のしおたこ焼きにアボカドをのせた「しおアボカドたこ焼き」650円

「めんたいマヨたこ焼き」650円。中身をエビに変えたり、チーズ入りにもできる

寺田さんは元デザイナーで、2008年に同店をオープン。「札幌では珍しいたこ焼きバーを開いたらみんなおもしろがるかなって始めました」と笑う

Beer Bar NORTH《ノース》 ISLAND《アイランド》

2F

丹精込めて造られたクラフトビールを堪能

江別市にあるビール醸造所NORTH ISLAND BEERの直営ビアバー。江別産小麦を使う「ヴァイツェン」や「ピルスナー」などできたての定番6種と、季節限定やゲストビールなど全8種が楽しめる。

なかでも店長の土橋謙太さんのおすすめは「インディアペールエール」。強い苦味の後に柑橘系の香りが後を引く味わいで、ビールとしては高い7％という度数も感じさせない。

合わせるフードメニューは、旬野菜のピクルスや北あかりのフィッシュ&チップスなど、どれもビールの味わいを引き立てるものばかり。

また、週末には製造スタッフが店に出ることも。造り手の思いを聞きながら飲めるのも直営店ならではだ。

上／「元々ここのビールのファンだったんですが、縁があって店長を任されています」と土橋さん
下／右から、黒ビールながらさわやかな後味の「コリアンダーブラック」750円、苦味と甘みが共存する「ブラウンエール」700円、フルーティーさが前面に出た「ヴァイツェン」700円

立ち飲み席も含め20席ほどの店内は、開店からすぐに一杯になるほどの盛況ぶり

「知床鶏と旬野菜ガーリックバターのオーブン焼き」S750円～。こんがりと香ばしくジューシーな味わいにビールがグイグイ進む

電話：011･303･7558
営業時間：18：00～24：00（フードLO23：00、ドリンクLO23：30）
定休日：月曜

串カツバルスタイル HANA

2F

本場・大阪の絶品串カツを バル気分で楽しむ

「父親が転勤族で、大阪にいた事があったので店長に」と笑う中谷さん

市内に4店舗を構える串カツ専門店「はな」の系列店。バルスタイルの名前の通り、アヒージョや各種ワインなど他の店舗にはないメニューが並び、女性客も多い。

串カツは1本80円からとリーズナブル。ラード100％の油を使うため、衣はサク、中はほっこりと揚がる。メニューは牛や豚、鶏、海鮮、野菜など50種ほどあり、季節によって山菜やキノコなど旬食材が登場することも。

ソースは大阪から取り寄せたものをベースに独自のブレンドを加えたもので「フランスのゲランドの塩で食べるのもおいしいですよ」と店長の中谷和樹さん。よく冷えたビールを片手に、本場・大阪の味に酔いしれたい。

カウンターや立ち飲み席など20席ほどの店内。ベランダにはテラス席もある

串カツと人気を二分する「おでん」。玉子やスジ肉など、1つ100円から。冬はもちろん、暑い夏の日にも注文が多い

看板メニューの「串カツ」。ナスビ、カボチャ、トマト各100円、レンコン120円、アスパラ250円、エビ300円。当然ソースは二度漬け厳禁

電話：011・300・8877
営業時間：18：00〜翌6：00（LO5：00）
定休日：火曜

フランスで修業を積み、料理人歴30年以上という水野さん。旅行が趣味で、色々な体験談が聞ける

話好きな主人との会話と本格フレンチを楽しむ

ビストロ ラ・マルミット

1F

エムズ二条横丁1階の1番奥にあり、初見では入りづらいかもしれない。しかしご安心あれ。店主の水野孝司さんが明るく出迎えてくれる。

メニューはオムレツなどの前菜やフレンチ鍋、肉料理など5つの料理が付く「Marmiteおまかせ」と、軽い魚料理と肉料理、天然酵母パンの3品が出る「Petitおまかせ」の2種のみ。ちなみに、店名の〝マルミット〟とはフランス語で鍋のこと。その名の通り鍋料理が自慢で、阿寒湖産のザリガニを使う冷製スープが自慢だ。

一人で全てのメニューをまかなっているので料理が出てくるまで少し時間はかかるが、水野さんと楽しく話していればそれも気にならない。

電話：080･6090･1820
営業時間：18：00～24：00頃
（日曜は17：00～22：00頃）
定休日：第2日曜

隠れ家のような雰囲気の2階席。M'S二条横丁で最古参の店の一つでもある

どちらのコースでも味わえる自慢のメニュー「自家製天然酵母パンとタプナード」

生きたまま届くザリガニを茹でてスープをとるMarmiteおまかせ3500円の「阿寒湖産ザリガニの冷たいスープ」。Petitおまかせは2500円（各税別）

テーブル席は10人ほどが座れ、石蔵の外壁を活かしたオシャレな造りとなっている

「ドリンクは60種ほど揃えています。コースもありますので気軽にどうぞ」と店主の川村さん

ama ama+《アマ アマ プラス》

1F

店主との会話も弾む オシャレで知的な雰囲気

ゴダールの映画ポスターやフランスの思想書が置かれ、洒落たジャズやブルースが流れる店内。どこか知的な雰囲気が漂うのは、店主の川村亮二さんの趣味によるもの。「大学時代に、ちょうどニューアカ世代だったんですよ」と川村さん。趣味が共通するお客さんと語り合うこともよくあるそう。

料理は焼き飯といった居酒屋メニューと、ひと手間をプラスした創作洋食がメイン。また、炭火を使って焼く焼鳥なども用意する。

店内は5人ほど座れるカウンター席のほか、お店の奥には札幌軟石の石蔵を活かした、ステキな空間のテーブル席も。こちらは10人ぐらいまでのグループ利用も可能だ。

電話：011･303･4018
営業時間：18：00〜翌1：00頃
定休日：月曜

上／デミグラスソースやオイスターソースなどを使う特製ソースで香ばしく炒めた「えびめし」700円。ふわふわの卵とプリッとしたエビがたまらない

下／トマトをくり抜き、ササミとバジルを詰めた「トマトサラダ」600円。チーズを和えたオリーブマヨネーズが味を引き立てる

つい足を運びたくなる居心地のいいイタリアン

Misto《ミスト》

1F

女性店主の藤原后里さんが一人で切り盛りする、カジュアルなイタリアンレストラン。店内はオープンな造りで、カウンター席では藤原さんが調理する様子を眺めながら、料理とお酒が楽しめる。

ワインはグラス600円、ボトルも3000円程度から用意しており、生ハムやカルパッチョといったおつまみ的なメニューも600~800円とリーズナブル。常連さんが多いというのも納得だ。

小ぢんまりとしているが「グループも大歓迎ですよ」と藤原さん。23時からはワインかビール、そしてつまみが付くペアセットもあるので、カップルで利用するのもいい。一日の終わりにふらりと立ち寄りたくなる店だ。

いつも明るい笑顔の藤原さんは宮城県出身。2014年にこのお店をオープンした

「ホタテとアスパラのクリームパスタ」1200円(ハーフ700円)。旬の素材を使うため、季節で内容は変わる

縦に細長く、カウンター6席でテーブルが1卓のみの小ぢんまりとした店内

トマトやカリフラワーといった季節の野菜にオリーブオイルをかけた、シンプルな「サラダ」600円

電話:090-1492-6151
営業時間:17:30~24:00(LO23:00)
定休日:土曜

店を開く前は仕事で北海道中を回っていた草島さん。
産地にも詳しく、明るい人柄で話しやすい

店内はカウンター5席、テーブル2卓の計15席。
比較的広めで、ゆったりくつろげる

3種の塩の漬け汁に丸一日浸し揚げる「若鶏半身揚げ」800円。「小樽の有名店以上の味ですよ」と草島さん

ヒマラヤの岩塩プレートで焼く「大トロ」2000円〜（手前）と「牛舌」1800円。プレートから溶け出す塩分が程よく素材の味を引き立て、余分な油も吸収してくれる

見た目にもこだわる 手間ひまかけた料理を

南蛮居酒屋 潮騒亭

2F

建物2階の突き当たりにある居酒屋。刺身の盛り合わせやホッケなどの焼き物、ザンギといった定番料理から、本格的なパスタやステーキまで、およそ70種類という多彩なメニューが楽しめる。

店主の草島俊也さんは洋食の修業を積んだ経験もあり、どのメニューもひと手間を加えたものばかり。「味はもちろんですが、出てきた時に驚いてもらえるよう、料理の見た目にもこだわっています」と話す。素材は道産ものが中心で、なかでも鮮度抜群の「刺身盛り合わせ」1200円〜は、ぜひ注文したい。

アルコール類の品数も充実しており、國稀や北の勝、おたるワインといった道産酒もしっかり揃える。

電話：011・302・7080
営業時間：17：00〜24：00（LO23：00）
定休日：日曜、祝日、ほか不定休あり

大学入学を機に北海道に移り住んだという足沢さん。2016年に独立し、お店をオープンした

「モヒート」800円。ミントを潰しながら香りを確かめ、味わいを引き出すのがポイントだそう

雑貨やボトルが飾られたカウンター7席の店内

自慢のニンニク料理とクラフトビールを味わって

麺にたっぷりとニンニクが練り込まれた「田子にんにくラーメン」700円。シンプルな塩味で、締めにも丁度いいサイズだ。クラフトビールは1200円～

Beer & 田子《たっこ》 Garlic《ガーリック》 GARDEN《ガーデン》

1F

二条横丁1階の最奥にある、クラフトビールを中心に扱うバー。フードは青森県の名産・田子ニンニクを使うカレーとラーメンがメイン。青森出身の足沢博幸さんが、おいしさを知ってもらおうと地元から取り寄せているものだ。

手作りの店内はアメリカの西海岸をイメージしており、クラフトビールもビール醸造が盛んなカリフォルニア州のものを厳選。常時4～5銘柄を扱っており、月に2回程度入れ替わる。カクテルも50種類以上あり、なかでもモヒートはラム酒の営業マンに「札幌で1番美味しい」と言われたこともある自慢の逸品だ。

深夜2時頃まで営業しているので、最後の1軒にふらりと立ち寄ってみては。

電話：011・211・0773
営業時間：21：00～ Last
定休日：不定休

香り高い自家焙煎のコーヒーでほっとひと息

奥行きのある店内はカウンター7席。
奥にもテーブル席がある

コーヒーを淹れるスタッフ・佐野夏希さんの
丁寧な仕事ぶりを眺めるのも楽しい

静かにジャズが流れる店内に足を踏み入れると、細長いカウンター席が広がる。その奥には札幌軟石の壁を活かしたテーブル席があり、どこか隠れ家のような雰囲気だ。

自慢のコーヒーは自家焙煎の豆を使い、一杯ずつ丁寧にネルドリップで提供する。エスプレッソやカフェラテ、そのほかマンデリンなどの日替わりや水出しなど種類も豊富。ケーキやトーストといったコーヒーに合わせるメニューも充実するほか、道産シードルやベルギービールといったアルコール類も揃うので、多彩なシーンで利用できる。

道路に面した小窓からテイクアウトも可能なので、時間がないけれど一息つきたいという時にもオススメ。

寿珈琲《ことぶきこーひー》

1F

右／まろやかで深みのある「ナチュラルブレンド」550円。雑味がなく、後からほのかな酸味が追いかけてくる

左／コーヒーの味わいを引き立てる濃厚な「ガトーショコラ」350円（手前）。コーヒーとのセットは850円。塩バニラなど種類豊富な「マカロン」は各250円

電話：011・303・1450
営業時間：9：00～24：00（日曜、祝日は10：00～20：00）
定休日：無休

M'S
二条横丁

SPORTS BAR
Prórroga《プロロガ》

2F

海外ビールを飲みながら大画面でスポーツ観戦!

イギリスのパブを思わせる造りのスポーツバー。サッカーを中心に、野球やテニス、プロレスなどさまざまなスポーツ番組が観戦できる。

豊富に揃うドリンクは、ハイネケンやカールスバーグなど海外の瓶ビール10種類ほか、ウイスキーやカクテルなど80種類以上をラインナップ。ふだん「サッカーも野球も見ない」という人でも、お酒目当てに足を運べばいつしかファンになってしまうかも。

「スポーツを見る文化をもっと育てたい」と、アパレル業界から転身したオーナーの多田嘉明さん

左/「ソーセージ盛り合わせ」750円。瓶ビールは650円〜
中/パブの定番料理「フィッシュ&チップス」950円
右/貴重な古いスポーツ雑誌などが飾られる店内

電話:011·302·7988　営業時間:18:30〜翌3:00
定休日:月曜

CQ《シーキュー》

1F

忙しい日常から少し離れて、ちょっと一息つきたい。そんな時に立ち寄ってほしい、静かで穏やかな大人のバー。

お酒はウイスキーやコニャックなどの蒸留酒がメイン。定番は押さえつつ、ウイスキーマニアが「おっ?」と目を見張るレアものや名品なども取り揃える。カウンターを彩る円山「jaz flower shop」のフラワーアレンジメントも素晴らしく、1杯のつもりがついつい長居してしまいそう。

通なウイスキーを片手に心をほどいて小休止

週1で変わるフラワーアレンジメントの奥に、店主お気に入りのお酒が並ぶ

コニャック「ポールジロー トラディション」の8年物は1ショット1200円

影が美しいロゴ看板

電話:011·301·3981
営業時間:20:00〜翌1:00ぐらい
定休日:土曜(不定)、日曜(月曜が祝日の場合は休み)、要予約で土·日曜も営業

鉄板焼きを食べながら気楽な一杯を

和牛や豚のステーキに加え、ウインナーや野菜の炒めものといった気軽なメニューも揃う、鉄板焼きの専門店。一品料理はほとんどが500～600円で、お酒もビールや日本酒、ワインなどを432円から用意している。

シングルモルトや海外の瓶ビール、本格焼酎なども揃えるので、ふらりと一杯だけ飲むのもいいし、しっぽりとやるのもいい。名前の通り気楽に通える雰囲気だ。

鉄板焼きが好きでお店を始めたという造田大輔さん

目の前で包んでから焼き上げる「餃子」540円。焼き目はパリパリ、表面はモッチリでビールと相性バツグン

鉄板焼きとお酒の店
きらく

2F

店内はカウンター6席。ロフト席も用意している

ゴロリとした豚ロースを焼き上げた「ポークチャップ」972円

電話：011·200·0250
営業時間：17：00～翌1：00頃
（LO24：00）　定休日：日曜

二条横丁の古株はちょっと意外な美容室

二条横丁のオープン当初からある古株で、飲食店が並ぶなか唯一の美容室というのがユニーク。お店の造りも変わっていて、2階奥にある扉を開けるとまた下に続く階段が。中二階のスペースを使った秘密基地のような空間になっている。「最初は飲食店と間違えて入る方も多かったですね」と笑うオーナーの傳野隆介さん。完全予約制で営業時間外でも対応してくれるので、長く通う常連さんが多い。

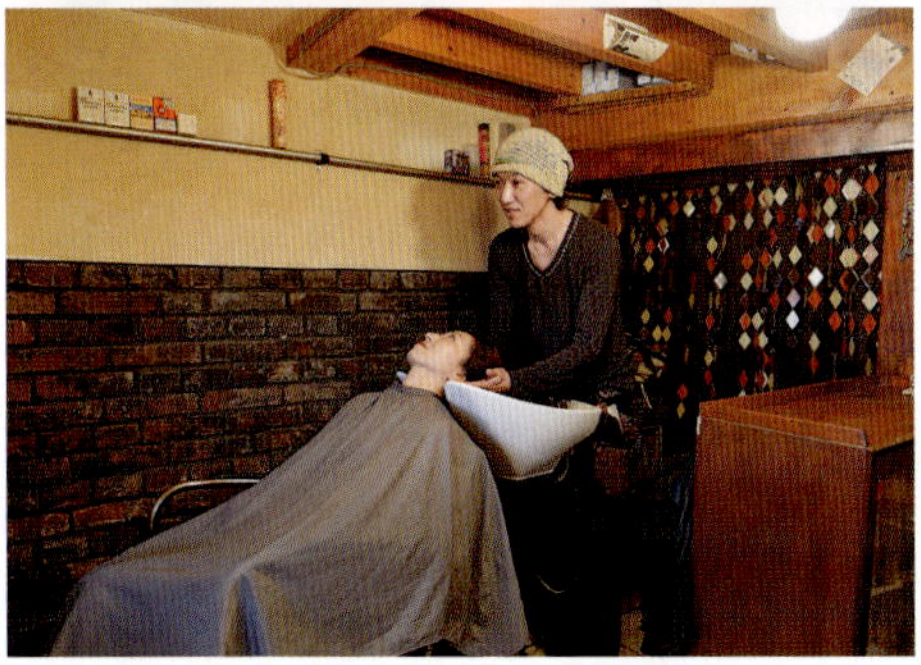

カット5000円、カット&カラーは1万円。シャンプーからスタイリングまですべて傳野さん一人で行う

主 —ARUZi—

2F

電話：090·6449·2076　営業時間：10：00～20：00
定休日：不定休

M'S EAST

エムズイースト　南2東1

二条市場に面して3棟が並ぶM'Sの真ん中にあるのが、2009年完成のM'S EAST。もとはどじょう屋さんだった建物で、1階には地下室付きの店も。おしゃれでちょっと不思議な空間を巡ってみて。

居酒屋にスペインバル、エステサロンなど8軒が入居。女性一人でも入りやすい店が多いかも

暖かい季節には、1階の路面店（うつけ／ロメオ）に屋外席も登場。2階へは建物左のらせん階段で

亜璃西社《ありすしゃ》の読書案内

改訂版 さっぽろ野鳥観察手帖

河井 大輔 著／諸橋 淳・佐藤 義則 写真

札幌の緑地や水辺で観察できる代表的な野鳥123種を厳選。改訂版では近年札幌で観察されるようになったダイサギを増補。鳥たちの愛らしい姿をベストショットで紹介する写真集のような識別図鑑。

●四六判・288 ページ(オールカラー)
●本体2,000円+税

増補版 北海道の歴史がわかる本

桑原 真人・川上 淳 著

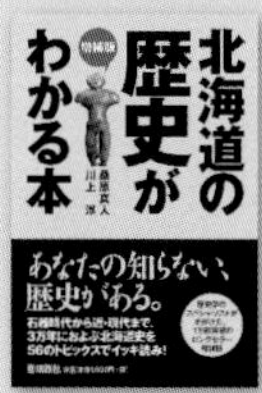

累計発行部数1万部突破のロングセラーが、刊行10年目にして初の改訂。石器時代から近現代までの北海道3万年史を、4編増補の全56トピックスでわかりやすく解説した、手軽にイッキ読みできる入門書。

●四六判・392ページ
●本体1,600円+税

新装版 知りたい北海道の木100

佐藤 孝夫 著

散歩でよく見かける近所の街路や公園、庭の木100種を、見分けのポイントから名前の由来までたっぷりの写真とウンチクで解説。身近な北海道の木の名前を覚えたいあなたにおススメの入門図鑑。

●四六判・192 ページ(オールカラー)
●本体 1,800 円+税

増補改訂版 札幌の地名がわかる本

関 秀志 編著

10区の地名の不思議をトコトン深掘り! I部では全10区の歴史と地名の由来を紹介し、II部ではアイヌ語地名や自然地名などテーマ別に探求。さらに、街歩き研究家・和田哲氏の新原稿も増補した最新版。

●四六判・508 ページ
●本体2,000円+税

増補新装版 北海道樹木図鑑

佐藤 孝夫 著

新たにチシマザクラの特集を収載! 自生種から園芸種まで、あらゆる北海道の樹596種を解説。さらにタネ318種・葉430種・冬芽331種の写真など豊富な図版で検索性を高めた、累計10万部超のロングセラー。

●A5判・352 ページ(オールカラー)
●本体3,000円+税

さっぽろ歴史&地理さんぽ

山内 正明 著

札幌中心部をメインに市内10区の歩みを、写真や地図など約100点の図版をたっぷり使って紹介。地名の由来と地理の視点から、各地域に埋もれた札幌150年のエピソードを掘り起こす歴史読本です。

●四六判・256ページ
●本体1,800円+税

北海道開拓の素朴な疑問を関先生に聞いてみた

関 秀志 著

開拓地に入った初日はどうしたの? 食事は? 住む家は?——そんな素朴な疑問を北海道開拓史のスペシャリスト・関先生が詳細&楽しく解説! 北海道移民のルーツがわかる、これまでにない歴史読み物です。

●A5判・216ページ
●本体1,700円+税

札幌クラシック建築 追想

越野 武 著

開拓使の都市・札幌で発展した近代建築を、長年にわたり調査・研究してきた北大名誉教授の著者。その豊富な知見から、歴史的建造物の特徴や見どころなどを柔らかい筆致でつづる、札幌レトロ建築への誘い。

●A5判・240 ページ(オールカラー)
●本体3,000円+税

亜璃西社 〒060-8637 札幌市中央区南2条西5丁目メゾン本府701 TEL.011 (221) 5396 FAX.011 (221) 5386
ホームページ https://www.alicesha.co.jp ご注文メール info@alicesha.co.jp

燻製のおいしさにハマる
“燻製女子”も増殖中?

くんせいとお酒の店 Choi《チョイ》

2F

専門店ならではの味と品数
自慢の燻製を食べ尽くす!

料理はすべて燻製という、その潔さが心を打つ燻製専門の居酒屋。燻製は石川武志店長のお手製で、食材によってサクラやヒッコリーなどチップを変え、いぶす温度や時間も細かく調整。チーズや玉子、手羽先など定番の単品をはじめ、「くんせい塩で食べる冷奴」「くんせいかにみそチーズ」などの組み合わせモノ、さらには「くんせいたらこのお茶漬け」など締めのご飯系も揃う。目移りしてしまうが、まずは「俺に任せるくんせい盛り合わせ」から試してみたい。

お酒は20種類を揃える日本酒を中心に、生ビールや超炭酸角ハイボール、果実酒など種類豊富。ウイスキーを燻製にした「くんせい角ハイボール」など変わり種も気になる。

「大切な相棒」という燻製機と、
燻製マスターの店長・石川さん

上／カジュアルで一見さんでも入りやすい店内
下／お酒とよく合う「山わさびたっぷり。ささみを燻したとりわさ」500円

店主のおすすめが盛られる「俺に任せるくんせい盛り合わせ5種盛り」1000円。ほか「3種盛り」650円、「10種盛り」1800円もある。日本酒は60cc 300円～

電話：011･251･8900
営業時間：18：00～翌1：00
（金・土曜、祝前日は～2：00。
フードLO1時間前、ドリンクLO30分前）
定休日：水曜、ほか月1回不定休あり

Solo.monk《ソロ.モンク》

1F

白壁の明るい店内は、女性一人でも入りやすい柔らかな雰囲気。基本はバーで、ビールにバーボン、ワイン、焼酎、ラムなどアルコール類が充実。飲みやすいワインベースのカクテルもおすすめだ。

そしてバーではあるが、しっかりしたおつまみやご飯モノが味わえるのもうれしいポイント。チーズ&サラミなど軽めのおつまみからスパムのハムカツ、奈井江産タマネギのフリットといったフライ系まで多彩に揃い、しっかりご飯を食べたい人向けのチャーハンやパスタ類も人気。なかでも熱々のスキレットで供されるナポリタンは、ケチャップの香りがグッとくる一品だ。好みの料理とお酒を楽しみ、のんびりゆる〜く過ごしたい。

バーだけど料理もおいしい
使い勝手のいい一軒

上／ほんわかムードの店主・琴恵さん
下／カウンターのほか、小さな丸テーブルも2卓ある全10席の店内

ニンニクとシラスの風味がよく合う「しらすのペペロンチーノ」700円（手前）と、具だくさんの「昔風ナポリタン」700円

人気の「“スパム”ハムカツ」450円には、「ジンジャーハイボール」600円がマッチ!

電話：090･8278･2288
営業時間：18：00〜翌2：00
定休日：日曜、祝日

カウンター中心の全10席。狭いながらも不思議と落ち着ける

一人でテキパキと調理から接客までこなす店主の土橋理花さん

お酒とお料理

RASPBERRY BERET《ラズベリー ベレー》

2F

食事とお酒、会話を楽しむ
ちょっと大人なダイニング

生地から作るピッツァなどイタリアンベースのおつまみや料理を、ワインと一緒に楽しめる、大人ムードのダイニング。メニューは前菜の盛り合わせやスペシャルサラダ、パスタ・ニョッキなどの定番ほか、7種前後の「本日のおすすめ」もあり、軽く一杯からちゃんとした食事まで、幅広い使い方ができる。

できる限り既製食品は使わず手作りするという料理のなかでも、ぜひ注文してほしいのが「自家製トリレバーのパテ」。生クリームに塩コショウとシンプルな味付けながらまったくクセがなく、レバーの旨味が口中に広がる。店主・土橋さんの落ち着いた雰囲気もあって、しっぽり料理とお酒を楽しめるのが魅力だ。

季節メニューの「アボカドと増毛産やなぎダコのサラダ」700円（税別）。そのままでも、パンに乗せて食べても美味

なめらかな舌触りの「自家製トリレバーのパテ」600円と「グラスワイン」700円。ボトルワインは3300円前後から用意（各税別）

電話：011・207・2340
営業時間：17：00〜24：00
（フードLO23：00、ドリンクLO23：30）
定休日：日・第3月曜

1階はL字型のカウンター。
地下にテーブル席もある

料理やお酒だけでなく、店のスタッフとの会話も楽しんで

和酒場《ワザカバ》うつけ

1F

旬の食材と季節のお酒 毎日通っても毎日ウマイ

和酒・和食を基本テーマに、ダシから丁寧にとった居酒屋料理と、日本酒や焼酎など和のお酒を揃える。季節の食材を取り入れた料理は、定番よりも日替わりが多め。刺身に焼き物、ダシが効いた煮物に揚げ物と、酒飲み心をくすぐる酒肴がメニューに並ぶ。

店主が和食出身だけに、ダシと野菜の旨味に酒が進む「揚げびたし」や「おひたし」など、さりげなくもしみじみウマイ一品は、ぜひ注文したいところ。日本酒は、青森県の田酒など13種ほどを用意し、なくなり次第どんどん銘柄を変えていくスタイルだ。もちろんビールに本格焼酎、泡盛やキンミヤ酎ハイとほかのお酒も充実。気どりのない店内で、和の酒と肴を堪能して。

貝の旨味を丸ごと味わえる「アサリの酒蒸し」700円前後（手前）や「揚げ出し豆腐」640円（左奥）など。メニュー価格はいずれも変動あり

ふわとろ卵の「ニラ玉」600円（手前）と、つややかな「ナスの揚げびたし」620円。日本酒は1杯500円台～1000円前後で銘柄は不定

電話：011・272・7088
営業時間：18：00～24：00
（フードLO22：40、ドリンクLO23：30）
定休日：日曜

上／照明などの調度品は、まさにスペインのバル風。テレビのスポーツ中継を眺めながら、わいわい賑やかに楽しめる

下／「アヒージョ」650円。パン付きで、エビのほかに砂肝、とかちマッシュなど全5種ある。グラスワインは赤・白各600円〜

常連客に混じって タパスとワインで乾杯！

ハモン・セラーノ（生ハム）やアヒージョをつまみにお酒が楽しめるスペインバル。とはいえスペイン料理だけではなく、「黒枝豆」や「自家製クリームチーズのみそ漬け」、さらにはパスタやグラタンまであり、いずれも500〜900円台とリーズナブル、かつノーチャージというからウレシイ。常連が多いのも納得の味とコスパだ。店主は飾り気のない明るい人柄で、お一人様でも気兼ねなく利用できる。

スペインバル ロメオ

1F

少し太めの麺とケチャップの味がいい「ナポリタン」800円。ビールは「エビス樽生」650円

石壁の地下室もある。使いたい人は事前に電話を

電話：011・207・2828
営業時間：17：00〜24：00（LO23：30）、金曜は〜翌1：00（LO24：00）
定休日：日曜

自分でデザインした帽子がよく似合っている店主のオケヤさん

トマトソースと平打ちのうどんが、意外なほどマッチする「飯ダコのトマトうどん」750円。グラスワインは赤・白各600円

この小ささが心地いい イースト最奥の隠れ家

わずか3・7坪の"飲み"メインのレストランバー。料理は前菜の盛り合わせやうどんのパスタ風など、数はそれほど多くないがおつまみから締め系まであり、お酒もビールにワイン、焼酎、リキュールと十分な品揃え。小さな店なので、少人数での貸し切りもOKだ。店主はハンドメイドブランド「OKYU」のデザイナーでもあり、店では同ブランドの帽子やアクセサリーなども展示・販売している。

PICO《ピコ》

1F

カシスにジンジャーエールを合わせた「カシスジンジャー」600円。リキュールはほかにラムやジン、チンザノなども

電話：011・210・0234
営業時間：19：00〜翌1：00
定休日：火曜、ほか不定休あり

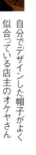

上／あの名作アニメに出てきた？「ラピュタパン」580円
下／つまみにもおかずにも◎な「揚げもの盛り合わせ」880円

深夜にお腹が空いたら ホッと和む〝実家めし〟

酒場なのでもちろんアルコールはしっかりあるが、この魅力はズバリ、店主が「実家で食べるご飯みたいでしょ」という料理の数々。おつまみ系のほかに「たこさんウィンナーと目玉焼き」や「カレイの煮付け」「しょうが焼き」など家庭的なメニューが用意され、それぞれご飯、汁物付きの定食にもできるというからたまらない。飲みの締めにはもちろん、残業後の夕食に、と食堂的な使い方もできる。

和酒酒場 chiko《チコ》

2F

店内はカウンター10席。中でChoi（P73）と繋がっている

「女性一人でもお気軽にどうぞ」と店主の大久保未来さん

電話：011・251・8900（Choi内）　営業時間：19：00～翌3：00（フードLO2：00、ドリンクLO2：30）　定休日：月曜　※9月中旬ごろ南4東2へ移転予定

熟練の手技とコスメで 現代女性の悩みを解決

同業者やアスリート、エステマニアも足繁く通うという実力派エステサロン。アメリカの身体生理学など専門的な知識を土台に、こだわりの手技と厳選コスメによる独自のトリートメントで、ストレスフルな現代女性をサポート。即効性と持続性をとことん追求し、一時的な癒しではなく、小顔や腰痛、コリ、痩身、姿勢矯正など、女性の悩みを根本から改善するオリジナル施術を豊富に用意する。

隠れ家 TUMIKA《ツミカ》

2F

白壁や木目の風合いを生かした、リラックスできるナチュラルな空間

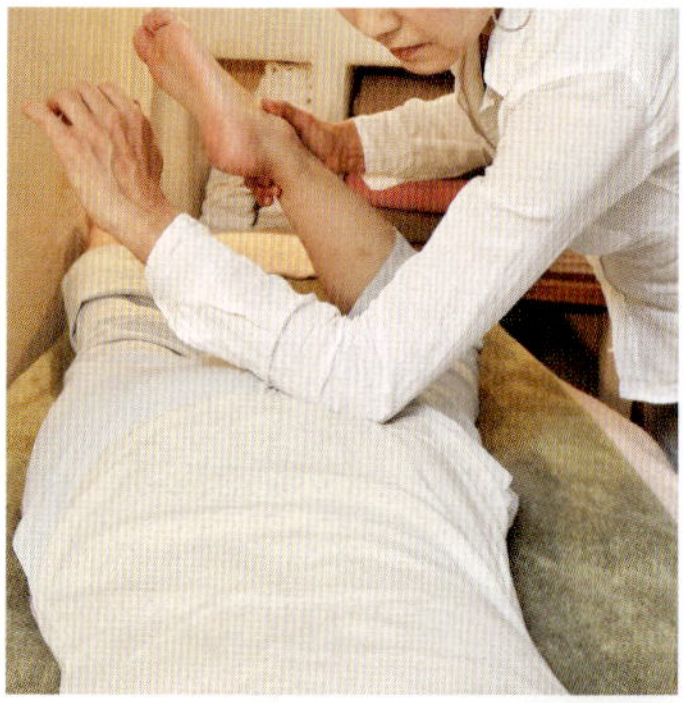

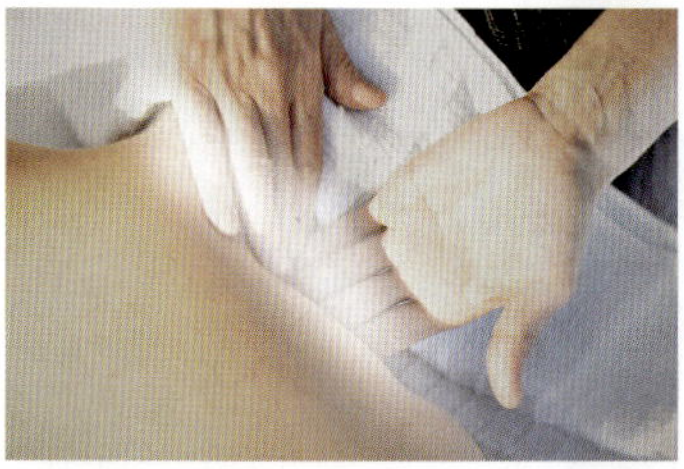

その場限りの気持ちよさとはまったく異なる、しっかりとした知識と技術の裏付けから施される手技に感動！

電話：011・210・0208
営業時間：12：00～20：00（日曜、祝日は～18：00）
定休日：木曜　※要予約

エムズ二条横丁が照らし出した夜の創成川イースト界隈

　二条市場を中心とした創成川の東側地区・創成川イースト。今では、個性的な飲食店が集まる若者の街というイメージだが、エムズ二条横丁がオープンした2006年頃は、まだ寂しいエリアだったという。

「当時は、夜になると若い女性が近づかない薄暗いエリアでした」と、エムズの斉藤正広オーナーは振り返る。創成川イーストという呼び名が生まれて間もない、まだ将来性もわからない時期に、斉藤さんが進出を決意した理由はなんだったのか。

「将来は創成川河畔が公園に整備されることも知っていましたが、直感ですかね」と斉藤さん。それまで薄暗かった西7丁目界隈を、「カムカム」やエムズスペースの出店で、活気のあるエリアに生まれ変わらせた経験が、町づくりへの情熱にふたたび火をつけたのかもしれない。

　その決断の早さは話題を呼び、建設前に新聞記事で大きく紹介されたほど。建物は老舗薬局だった木造2階建てを改築したもので、オープン後は徐々に周辺に飲食店が増え、客足も着実に伸びていったという。

　その後も、09年に二条横丁東隣にエムズイースト、15年にはさらに隣にエムズイーストⅡをオープン。今ではエムズの建物がずらりと並び、二条市場が閉まったあとの夜の創成川イースト界隈を華やかにしている。

　斉藤さんには、ひとつだけ後悔していることがある。以前、二条横丁の裏手にあった、お茶屋さんの石造りの倉庫を、機会があったのに手に入れそこなったことだ。

「いろいろあって実現しませんでしたが、いま思えばあれこそぼくの好みにぴったりの建物。二条横丁とつなげられたらと、考えてはいたんですが…」。

　その倉庫は数年前に取り壊され、今ではそこに、おしゃれなマンションが建っている。

創成川イーストの夜を華やかに照らし出すM'S雑居群

M'S EAST Ⅱ

エムズイーストⅡ　南2東1

2015年完成のM'S EAST Ⅱには、イタリアンやテキーラバーなどオシャレ系や、居酒屋、豚丼といった気軽な店まで9軒が入居。2階の店にはグループで使える中2階もあり、皆でワイワイ楽しめるのがいい。

お客同士が自然と仲良くなれる和やかな雰囲気

M'S二条横丁、EASTと並び1番右がEAST Ⅱ

炭火やきとり 心晴日和《こはるびより》

2F

女性一人でも入りやすい
気軽な本格炭火焼鳥

暖簾をくぐると、割烹着姿のおかみさんがにっこりお出迎え。おまけに女性客も多く、ふらりと入りやすい。人気焼肉店「じゃんごー」の姉妹店だけあり、「どこよりもいい肉を使っている自信はありますよ！」とオーナーの藤本剛さん。絶妙な焼き加減の焼鳥は鳥や豚、野菜串など定番のものが揃い、どれも1本から注文できる。また、じゃんごーで仕入れた生肉を使う「特選牛タン」550円など贅沢な牛串メニューも見逃せない。

お酒は北海道の地酒を多数揃え、本格焼酎やワイン、ウイスキーなど充実。カウンターのほか20人ほどが座れる中2階もあるので、一人でじっくり飲むのもよし、グループで盛り上がるのもいい。

カウンター4席とテーブル1卓の1階。ガラス越しに焼台の様子を眺めるのも楽しい

手前から「特選牛サガリ」550円、「ささみ」「親鳥」「鶏もも」各150円、「チーズつくね」230円など。日本酒は400円から

「肉が大好きだから、焼鳥屋もやってみたかったんですよ」と藤本さん

鶏ダシが香る「鶏めん」650円。具に鶏のキンカンなどモツが入り、お酒のアテにも締めにもちょうどいい

電話：011･252･7710
営業時間：17：00〜24：00（金･土曜は〜翌1：00、日曜は〜23：00、LO各30分前）
定休日：木曜、ほか不定休あり

カウンター越しに生地を投げて伸ばす、焼くなどピッツァ作りの工程を眺められる

極上のピッツァと日本酒のマリアージュを楽しんで

本場イタリアで修業を積み、市内の料理店を渡り歩いた半田太一さんが営むピッツェリア。熟練の手さばきで仕上げるピッツァはローマ風でパリッと香ばしく、ぺろりと一枚平らげる女性も多いとか。

ピッツァは定番の「マルゲリータ」など15種類ほど。夏には桃などのフルーツ、秋にはキノコなどがのる季節替わりのピッツァも人気だ。

また〝日本酒×ピッツァ〟もお店のテーマのひとつ。「どちらも同じ発酵なので、相性は抜群です」と半田さん。自身のルーツである秋田の日本酒を常時10種類ほど揃える。6種類が飲み比べできる利き酒セット2500円もあるので、和洋のマリアージュを存分に堪能してほしい。

「マルゲリータフレスコ」1280円は、15種類あるなかでも特に人気が高い一枚。香ばしい生地とさっぱりとしたリコッタチーズが相性抜群だ

ASSE《アッセ》

1F

カウンターとテーブルを合わせて20席。夏期は屋外に立ち飲み席も登場する

日本酒と合う「イタリア4種豆のサラダ.レジャーノチーズ風味」450円

電話：011･211･4565
営業時間：12：00～14：30（LO14：00、土･日曜、祝日のみ）、17：00～24：00（LO23：30）
定休日：月曜

豚丼と豚しゃぶ

ポルコ

1F

霜降りの豚肉を昼は丼で
夜は酒の肴で味わう

二条市場に面した1階にある豚丼専門店。店の前を通ると食欲をそそる香ばしい匂いがふわりと漂い、ついつい足を踏み入れたくなってしまう。

自慢の豚肉は、100頭に3頭ほどしかとれないという帯広産〝かみこみ豚〟を使用。「脂身が赤身にきめ細かく入っていて、ジューシーさが全然違いますよ」と店長の山本幸生さん。こんがりと網焼きしたロース肉が贅沢にのる丼はボリュームもたっぷりで、大満足の一杯だ。

また、夜には「豚しゃぶしゃぶ」や「豚皿」、「ポークチャップ」といったメニューも登場。ドリンクはビールや焼酎、ワインにカクテルまで揃うので、豚肉を肴に居酒屋としても気軽に利用できる。

電話：011･218･1429
営業時間：11：00～15：00（LO14：30）、18：00～23：00（LO22：30）
定休日：第1･3火曜

豚肉の甘みと柔らかな食感が引き立つ「豚しゃぶしゃぶ」1500円

秘伝のタレがこんがりと香ばしい、定番の「帯広タレ豚丼」900円（並盛り）。このほか塩ダレ、味噌ダレも選べる

「和風パフェやお汁粉などの甘味もありますよ」と店長の山本さん

店内は全17席。カウンターからは調理風景が見える

WILD HERB《ワイルド ハーブ》

2F

店名の通りハーブを活かしたイタリアンと、自家製のスモークなどが味わえるバー。店主の高井純二さんは東京出身。北海道に憧れていたそうで、2015年に札幌に移り住み同店を開業。そのため、メニューにはブランド豚の千歳う米豚や知床鶏を使うなど、道産の素材にこだわる。

さらに、バジルやミントといったハーブは喜茂別町の畑で自ら無農薬栽培したもの。「なんでも自分で作るのが好きなんですよ」と笑う高井さん。腸詰めや燻製まで自家製というから驚きだ。

ドリンクはカクテルやハードリカーなど多数揃うが、ここではぜひとも果物を漬け込んだラム酒を、料理とともに味わってほしい。

自家製の燻製料理とイタリアンに舌鼓

上／音楽が趣味でロックバンドのドラマーも務める高井さん。カウンターに座れば音楽談義に花が咲きそう
下／店内は13席ほど。内装はほとんどが手作りだ。カウンターには約20種類のラム酒の瓶が並ぶ

「道産牛のボロネーゼ」1000円（手前）と「自家製ベーコンのピザ」1000円。旬の食材を使うため、各種メニューは変更の場合もある

自家製のスモークや腸詰めが一皿にのる「う米豚あらびきスモークフランクフルトとベーコンとラムのパテ」1800円。おつまみに最適なハーフサイズも用意する

電話：011･210･6998
営業時間：18：00～翌2：00
定休日：日曜

「ほろ酔いセットなどもあるので、気軽にどうぞ」と清水さん

スパイスの効いた南米料理をカクテルと

洒落た雰囲気のなか、創作南米料理が味わえるラテンバル。オーナーの清水毅さんは10年近くバーテンダーとして腕をふるってきたベテラン。その後料理の修業を積み、2016年にこの店を開いた。

道産食材にこだわるタコライスやチリコンカンは、隠し味に醤油を使うなどどこか和風テイスト。各種スパイスが効いていて、お酒ともよく合う。清水さんが腕を振るうカクテルとともに味わって。

ショウガ醤油でじっくり煮込む「余市カネキタ北島農場の豚腕肉の醤油煮込み八角風味」900円

創作南米料理バル ROSA《ローザ》

1F

上／ギャラリーとしての展開も予定している落ち着いた雰囲気の店内
下／「牛ひき肉と豆のピリ辛チリコンカルネ」980円。ビールと合わせたい

電話：011･206･7954
営業時間：11：30～14：00(LO13：30)、17：00～翌1：00(フードLO24：00、ドリンクLO24：30)　定休日：不定休

知るほどに奥深いテキーラの世界をご案内

およそ200種類ものテキーラを揃えるバー。店主の原井晃裕さんはテキーラ・マエストロの資格を持っており、好みの一杯を選んでくれる。

人気メニューは「パキスタン風カレー」。野菜と鶏肉を煮込み、素材の水分だけで作る手間ひまかけた一皿だ。

フレッシュな味わいのものや樽熟成した濃厚なものなど奥深いテキーラの世界。一度知ると、どっぷりとはまって抜け出せなくなりそう。

harappi《ハラッピ》

2F

およそ2日間煮込み、20種類以上のスパイスを使う「パキスタン風チキンカレー」800円。ランチは750円

「ショットで飲むばかりではなく、ウイスキーのように味わって飲むと全然違うものですよ」と原井さん

ワイン樽などで熟成を繰り返す「グランパトロン　バーディオス」はグラス8000円という最高級の1杯

全12席の店内にはテキーラのボトルがずらりと並ぶ

電話：011･218･7567
営業時間：11：30～14：30(LO14：00)、18：30～翌1：00(フードLO24：00、ドリンクLO24：30)　定休日：水曜

5坪 海《うみ》らふ家《や》

1F

新鮮なカキと油そばを
心ゆくまで賞味あれ

すすきのに本店があるカキ専門店「5坪」と、油そば専門店「海らふ家」がコラボした店。カキと油そばとは一見不思議な組み合わせだが、実は意外なほどに合う。

5坪という名前ながら、店内は3坪ほど。焼台から熱気が立ち上がり、夏場はかなり暑いが余計ビールが進むというもの。「今年の夏はクーラーを導入したので、少し快適になりましたよ」と笑うのはオーナーの渡邉大輔さん。

カキは毎日厚岸港から直送されるもので、それが1個105円で食べられるのだから驚き。油そばも意外にさっぱりとした味わいで、するすると胃に収まってしまう。数種類揃うクラフトビールとともに、思う存分味わってほしい。

店を任されている清水梓さん。多い時には100個以上のカキを焼くこともあるという

詰めて7席ほどの店内。夏場は快適なテラス席も登場する

平打ち麺が特製ダレとよく絡む「油そば」700円。奥にある「羽根付き焼き餃子」480円も隠れた人気メニューだ

「厚岸産牡蠣（焼き）」1個105円。そのほか、生や酒蒸し、ゴマ油漬けや山わさび漬けなどもある

電話：011・271・1230
営業時間：15：00〜23：00（カキが売り切れ次第終了）
定休日：不定休

Bonncook Marketfront《ボンクック マーケットフロント》

2F

EASTⅡの新顔は
ほっこり温かいカフェ

2017年4月にオープンしたカフェ&ダイニングバー。扉を開けると大木さん夫妻がにっこり出迎えてくれる。看板メニューは牛スジや豚をじっくり煮込んだ「ハヤシライス」。「ステーキプレート」や「ホットケーキ」なども人気だ。ドリンクは手挽きするコーヒーのほか、アルコールも多彩。「ちょっと贅沢な普段使いがテーマなので、気軽に寄ってください」と大木さん。温かな雰囲気に癒される。

楽器メーカーに勤めていたという大木基弘さん。
奥さんとも楽器が縁で知り合ったそう

左／やさしい味わいの看板メニュー「ハヤシライス」700円。ランチタイムは50円引きで味わえる
右／「ホットケーキ」600円（アイスはプラス200円）。弱火で丁寧に焼き上げた生地はふっくら&もっちり

電話：011・242・2120
営業時間：14：00～24：00（土・日曜、祝日は12：00～でLO各30分前）　定休日：不定休

Bar Glass heart《バー グラス ハート》

2F

ポルトガル料理と
カレーで楽しい一夜を

札幌では珍しいポルトガル料理が楽しめるバー。伝統的な鍋料理「カタプラーナ」など見慣れないメニューが並び、お酒もマディラ酒やポートワインなどを揃える。オーナーの相原さんは、パソコンとスマホ教室の先生も務めており、質問や修理にこたえてくれることから〝IT酒場〟の別名も。また、お店のもう一つの自慢のスープカレーは、すっきりとした辛みが印象的な一杯で、こちらもぜひ。

普段店を任されているスタッフの
おもちゃん（左）と、オーナーの相原さん

左／魚介とともにトマトを煮込んだ「カタプラーナ」1800円（2人前）。ポルトガルワインは、グラス700円～
右／約20種類のスパイスを使う「きまぐれカレー」1000円。のる具材はその日によって変わる

電話：070・5287・8010
営業時間：18：00～23：00
定休日：日曜、祝日

札幌の町並みとエムズ「ぬけられますか?」のカオス

塚田敏信 文

ビルが立ち並ぶ札幌の都心部で、古い低層の建物を再利用するエムズの施設は、そこだけ空が広い。そんなエムズの建物が、札幌の町並みの中で果たす役割について、まち文化研究所主宰の塚田敏信さんに考察いただいた。

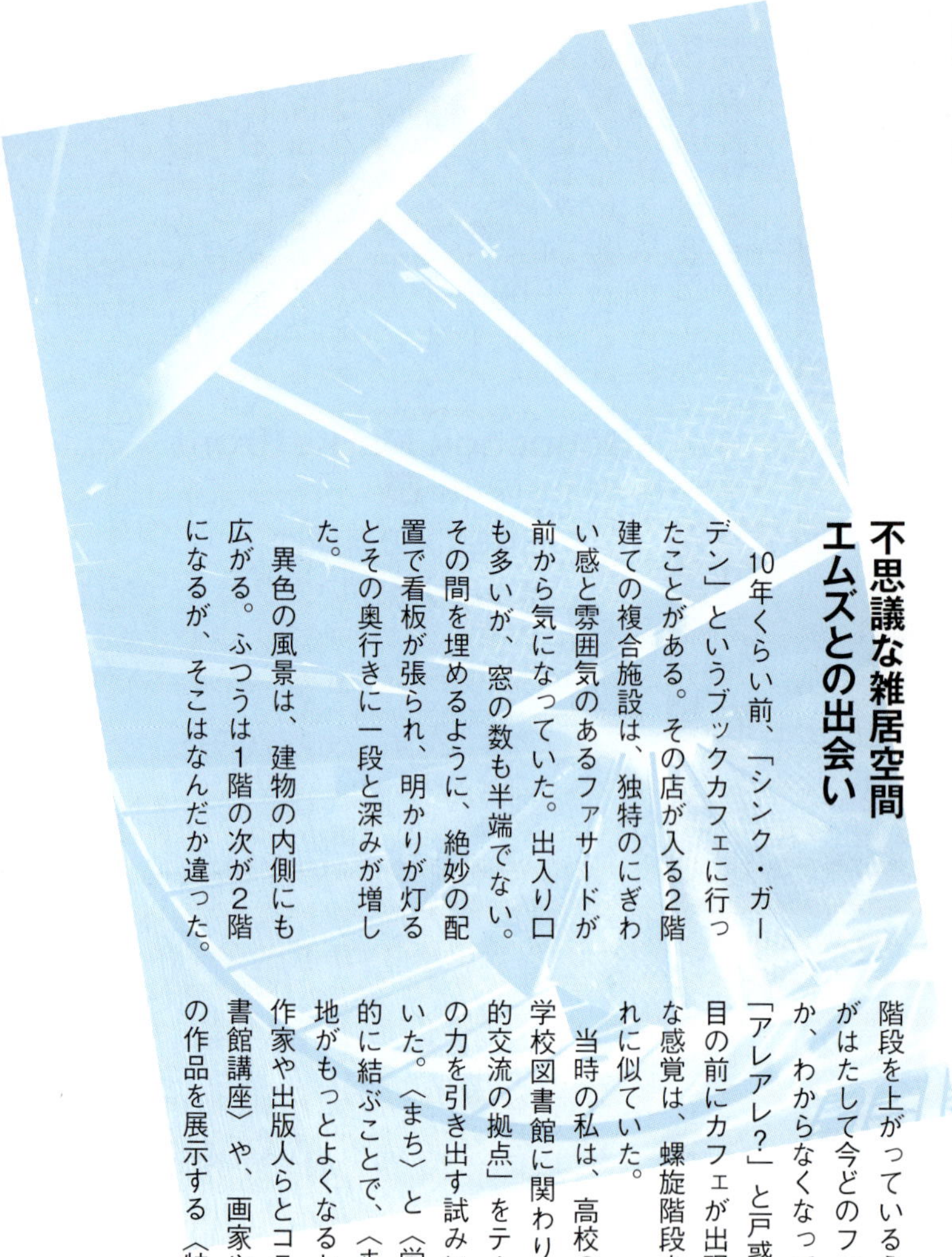

不思議な雑居空間 エムズとの出会い

10年くらい前、「シンク・ガーデン」というブックカフェに行ったことがある。その店が入る2階建ての複合施設は、独特のにぎわい感と雰囲気のあるファサードが前から気になっていた。出入り口も多いが、窓の数も半端でない。その間を埋めるように、絶妙の配置で看板が張られ、明かりが灯るとその奥行きに一段と深みが増した。

異色の風景は、建物の内側にも広がる。ふつうは1階の次が2階になるが、そこはなんだか違った。階段を上がっているうちに、自分がはたして今どのフロアにいるのか、わからなくなってしまうのだ。「アレアレ?」と戸惑っていたら、目の前にカフェが出現。その奇妙な感覚は、螺旋階段を昇る時のそれに似ていた。

当時の私は、高校の教員として学校図書館に関わり、「地域の知的交流の拠点」をテーマに図書館の力を引き出す試みに取り組んでいた。〈まち〉と〈学校〉を恒常的に結ぶことで、〈まち〉の居心地がもっとよくなると考えたのだ。作家や出版人らとコラボする〈図書館講座〉や、画家や造形作家らの作品を展示する〈特別展〉などを立て続けに開催し、一般公開していた時期でもあった。

そのPRのため、土・日や勤務後は大量のチラシを抱えて〝まち〟に出る。そこでつながったのが前述のブックカフェで、不思議な雑居空間が「エムズスペース」だと知るのは、それからしばらく経ってからのこと。そのカフェはすでにないが、印象的な外観と実際以上に奥行きを感じさせる内部をもつエムズスペースのゆたかな風景は、今も健在だ。それどころか飛び火して、ひたすら大味になり続けてきた札幌の町並みに、旧くて新しい可能性のタネを蒔き続けている。

塚田敏信

1950年赤平市生まれ、北海道大学法学部卒。札幌篠路高校教諭などを経て、現在は札幌大谷大学、藤女子大学非常勤講師。まち文化研究所主宰としてまち文化講座を開催する。著書に『いらっしゃい北の銭湯』(北海道新聞社)、『ほっかいどうお菓子グラフィティー』(小社) ほか。現在、朝日新聞夕刊で「まち歩きのススメ」を連載中。

通路の照明にも〈エムズブルー〉を発見!
(M'S二条横丁、筆者撮影)

路地を進むほどに深みを増すカオス

「エムズスペース」をはじめて見た時、頭をよぎったのが香港の〈九龍城砦《きゅうりゅうじょうさい》〉だった。九龍城砦は、イギリス領時代の香港・九龍城地区にあった、猛烈に人間くさい壮大な建造物群だ。写真集ではじめて見た異形の風景は、札幌の多くを占める「あっけらかんと明るく、その分無機質で薄っぺらい印象の風景」を見慣れた目に、強烈な存在感で迫った。しかもそれは、私に元気をくれたのである。

香港に行ったのは、中国に返還される前の1993年のこと。だが、到着してすぐガイドに「絶対近づかないように」と釘を刺され、九龍城砦は諦めた。そして5日間の滞在を終え、後ろ髪を引かれながら帰国便が待つ空港に到着。そこでバスを降りた途端、ガイドがある方向を指さして言った。「あそこに見えるのが九龍城です」。微妙な距離だが、でもはっきりそれとわかる黒い塊が見えた。

時は遡り70年代――。当時の私にとって、最大の精神安定剤であり活性剤が〈小樽〉だった。何かあってもなくても、気がつくと小樽行きの列車に乗っていた時期だ。札幌にないものが山ほどあるその町は、ちょうどいい距離の〝非日常〟。商店街や町工場が続く狭い道、行燈看板が並ぶ軒の低い盛り場の路地、歩いてるだけで気持ちは安らぎ、そして高ぶった。そこに展開する濃密な〈まち文化〉が、札幌の日常でささくれ立ったものを鎮めてくれたのだ。

路地を奥に進むと、その先に別の風景が開ける「ぬけられます」の世界、あるいはまた、行く手に袋小路が待ちうける「ぬけられません」の世界。自分から入り込んでみなければわからない、そして進むほどに深みの増す「ぬけられますか？」のカオス。それが小樽の魅力であり、札幌では狸小路7丁目周辺や二条市場界隈のにおい

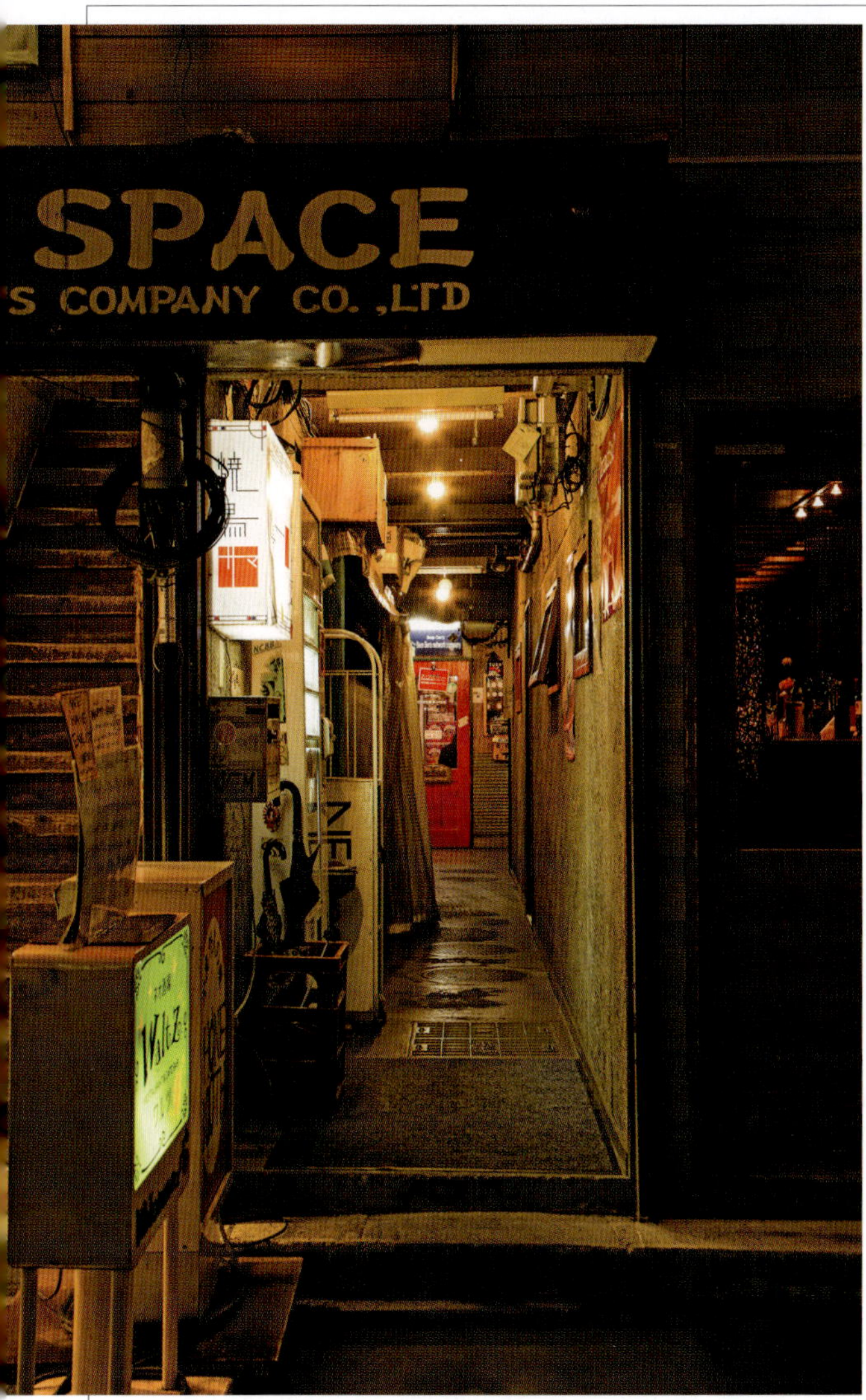

「M'S SPACE」の魅惑的な通路。この先、ぬけられますか?

につながる。

　そしてエムズの世界も、「ぬけられます」と「ぬけられません」が交錯する。それは、見通しがよすぎて時に息苦しくなる札幌の町並みという日常に、非日常的な風景がもつ意味を見せてくれる。そんなふうにしてエムズは、札幌の町並みがこれから向かい得る可能性を見せてくれているのだ。

どこか心ひかれる長屋的な風景

　〝人間くさくて、肌理細かい密度感に覆われた町並み〟にひかれるのは、自分の原風景と無関係ではなさそうだ。１９５０年代の半ば、小学校に入る前の数年間を、札幌・中の島の林檎園の中にある長屋で過ごした。鶏小屋だったところを、戦後の人口増に合わせて人間の住む長屋に改造したと聞く。

　共同玄関を入ると便所も流し場も共同で、土間に沿って各戸のガラス戸が並んでいた。そこを歩くとよその暮らしはほぼ丸見えで、壁を通して隣家の声が聞こえてくる。だから、母に叱られて泣いていると、隣のばあちゃんが助けにきてくれた。それは、大人たちにとってはともかく、子どもの私には何の不満もない暮らしだった。だから今もどこかで、そんな長屋的風景にひかれる自分がいる。

　足繁く小樽に通った70年代。札幌にいる時間の多くを、狸小路5丁目から7丁目にかけての界隈で過ごした。頻繁に通ったのが、南2西5にあった喫茶「サボウル」と狸小路7丁目の「ウイーン」。とくにサボウルのミートスパゲティーは当時私の主食みたいなもので、今になってスパゲティーを受けつけないのは、その時期に一生分を食べてしまったからだと思っている。

　ふり返ると、その頃はたぶん自分が納まりのいい場所に本能的に向かっていたのだろう。それから40年余の時が流れ、町並みを強く意識するようになった。だけど、今も心ひかれる風景はほぼ変わらない。それは、小さな細胞がそれぞれに自分を主張しながら、細胞膜を互いに共有しあう世界であり、エムズの風景もそこにつながる。

窓が多い「M'S SPACE」外観（筆者撮影）

「U'S LAB.」の窓にもエムズブルーが（筆者撮影）

町並みを変えたエムズの引力

　こぎれいな風景に居心地の悪さを感じ、むしろ陰影のあるごった煮の風景に心地よさを感じながら、それでも安心は担保されていたいという微妙な思い。エムズの建物には窓が多いが、なかでも〝エムズの小窓〟を見て「なるほど」と思った。エムズの小窓とは、私が勝手にそう呼んでいるだけだが、建物内の通路を歩きながら店内の様子が見える〝のぞき窓〟のこと。さりげない気遣いが伝わる安心の風景だ。それは、私が入った店の店主たちの、客への目配りや気配りにも重なる。

　札幌のまちは１９７２年に開催された冬季オリンピックを経て、多くの便利さと引き換えに、たとえば街路を回遊する屋台や移動店舗など、人の営みから生まれる有機的で猥雑な風景を削ぎ落としてきた。札幌のその後の町並みからさらに失われたかもしれない、そこに人間が生きてきた痕跡。それを生かし再生するために、エムズはあらわれたようにも思える。

　エムズは自らも増殖を続けるが、それだけではない。その刺激的な風景の引力を通して、札幌の町並みから消えてしまったかもしれない建物たちの〝効用〟を引き出してきた。狸小路7丁目界隈に、今も低層古建築の再利用物件が連なりかつ点在するのは、エムズが蒔いてきたタネと無関係でない。

　さらに、「オヨヨ通り」と呼ばれ、かつて若者文化の発信源ともなった南2条仲通界隈。そこでは「ペンシルビル（PENCIL BLD.）」や「ユーズラボ（U'S LAB.）」、そして「エムズの仲間たち」の店が町並みをよみがえらせる。加えて、創成川をはさんで狸小路と二条市場が呼応し合う風景は、「エムズ仲町」「エムズ二条横丁」「エムズイースト」「エムズイーストⅡ」へと拡大。あたかもエムズの窓が、町並みを紡いでゆくように。

　また、エムズといえば外階段、なかでも印象的なのが螺旋階段である。「ペンシルビル」「タヌキスクエア（TANUKI SQUARE）」「エムズビルヂング」などでは、2層から3層を貫いて螺旋階段がフロアをつなぐ。色はすべて緑がかった青。密かに〝エムズブルー〟と呼んでいたら、まさにその色の店があった。エムズスペースの「屋台料理カムカム」は、その存在自体がエムズブルーだった。

好奇心を力強く活性化する場所

　札幌の市街に広がる鉄とガラスとコンクリートのビル群。その大味な風景を歩くと、体も神経もパンパンになってくる。自然、足早になるのは、長居を本能的に避けようとするからだろうか。一方、時の厚みを伝える低層の建物が基調の町並みでは、無意識のうちに歩みはゆるくなってくる。風景のヒダが、五感を通して心身の緊張をほぐしてくれるのだ。

　居場所としての風景、居場所としての町並みが、ずっと気になってきた。細やかな風景は、一過性のノスタルジックな感傷でなく、私たちの底流にある好奇心を力強く活性化する。若い人たちに聞くエムズ評は「おしゃれな場所」。そこにいる自分をSNSで発信することがカッコイイ、ということでもあるらしい。

　意外だった。同時におもしろいと思った。じつは私にとっても、エムズの風景はカッコイイのだ。意味は少し違うかもしれないが、根っこはそんなにズレていなさそうだ。そこにいるとなんだか元気になれるのは、同じなのだから。

上／「M'Sビルヂング」の螺旋階段
中／「PENCIL BLD.」の螺旋階段
下／「M'S仲町」の階段もブルー
（筆者撮影）

M'S 仲町

南4西1

繁華街のエアポケットのような仲小路。吸い込まれるように通りへ入ると、薄暗がりの中でM'S 仲町が独特な存在感を放っている。軒を連ねるのは、これまた存在感のある店ばかり。さて、どこからのぞこうか。

2014年にオープン。1階に3軒、2階に4軒の計7軒が入居している

場所は東豊線・豊水すすきの駅1番出口近くのビルに挟まれた仲小路の奥。白く光る看板が目印だ

以前、CAMCAM（P12）で働いていた店主の後藤正博さん

ゆったり味わえる2階のテーブル席

台湾映画に出てきそうな雰囲気。
カウンターの看板がいい味を出している

温かい豆乳スープの「鹹豆漿」500円は、ホッと心が和む味わい。料理は380〜780円と手ごろ（各税別）

台湾料理の定番「空心菜　腐乳炒」700円。瑞々しい味に台湾ビール500円〜が進む（各税別）

雰囲気も味も“The台湾”
本場の味をお手軽に

台湾料理　ごとう

1F

赤い扉にビタミンカラーの店内は、まるで台湾の夜市の店のよう。現地から取り寄せたテーブルやイス、什器類が、本場の空気感を醸している。

料理も、店主が台湾で出合って感動した向こうの庶民の味を再現。メニューを「鹹豆漿」「自製鹹豬肉」と台湾語で表記し、あまり説明を加えていないのは、本場の屋台に行ったときのような何か分からないまま注文するワクワク感を感じてほしいから。料理は「蚵仔煎（カキのオムレツ）」「魯肉飯（肉ソースかけご飯）」など30種ほど揃い、香草や腐乳など主張の強い食材を使いながら、意外なほど優しい味に仕上がっている。ビールや紹興酒など種類豊富な台湾のお酒と一緒に味わいたい。

電話：011･251･3676
営業時間：18：00〜24：00（クローズ）
定休日：月曜

笑顔が素敵なスタッフの秋山綾香さん。「ご飯や麺が充実しているので、食事だけの利用も大歓迎です」

上／店はM'S 仲町の2階奥。大きな花が飾られた店内中央の大テーブルほか、カウンター席もある

下／鶏モモ肉をレッドカレーのペーストに漬けこんで焼き上げたタイの焼鳥「ガイヤーン」800円

ジダパとの会話も楽しい
本場の屋台料理が魅力の一軒

JIDAPA DX《ジダパ デラックス》

2F

タイ人シェフ・ジダパのレシピで作られるタイの屋台めしは、本国の人が食べても「ウマイ!」というほどの本格派。ガパオムーなどのご飯モノから麺、カレー&スープ、おつまみなど50種近くの料理で、本場の味が堪能できる。テーブルに置かれたナンプラーや砂糖、酢、プリックポン（タイの粉唐辛子）を駆使して味わえば、気分はもうタイの空の下。タイから取り寄せたカラフルな食器類が、またいい味を醸し出している。

　タイ料理といえば辛いイメージがあるが、料理によっては辛さを調整してくれるのもうれしいポイント。同様にパクチーの有無や量も調整可能だ。タイで愛される屋台の味を、気軽に楽しんでみては。

電話：011･222･1180
営業時間：18：00～24：00（LO23：30）
定休日：月曜

豚挽き肉のバジル炒めご飯「ガパオムー」900円。半熟卵を崩し、全体を混ぜて味わうとより美味!

店内はテーブルとカウンター合わせて20席ほど。天井の低さが不思議と心地いい

チーズはおすすめ3種1800円。1種600円で自分好みの盛り合わせにも

店主で接客担当の門脇智香さん（右）と、シェフの田中沙希さん。女性2人で切り盛りしている

旬の野菜が使われる「鶏ムネ肉とズッキーニのハーブサラダ」900円とスプマンテのグラス800円

道産小麦生地のピッツァ「マルゲリータ」1000円とハウスワインの赤600円

豊富なイタリアンワインとおいしい料理で幸せな一夜

Gonticca《ゴンチッカ》

1F

元々あった軟石の壁をセンス良く取り込み、あえて天井を下げることで〝こもり感〟を演出している、ちょっと大人なワインバー。ワインはイタリア産を中心に30種以上を用意。手ごろなグラスワインも赤・白、スプマンテ合わせて10種ほどが揃い、一人飲みでも気兼ねなく利用できる。そんなワインに合わせる料理も前菜から肉料理、ピッツァとかなり充実。ソースから丁寧に作られたことがわかる繊細な味わいで、ワインとの幸福なマリアージュが楽しめる。また、ここでぜひ頼んでほしいのがハードや白カビ、ウォッシュなど18種もの品揃えを誇るチーズ。酒飲み心をくすぐる肴とワインで、ステキな時間を過ごしたい。

電話：011･231･8825
営業時間：17：00～ Last
（土･日曜、祝日は15：00～）
定休日：水曜

季節の食材をおいしい酒肴に仕上げる店主・安東一さん。以前、狸小路で「炉ばた 肴や」を営んでいた

テーブル、カウンター合わせて全27席。テーブル席はアレンジも可能だ。奥には隠れ家風の個室もある

季節限定の「アスパラの天ぷら」600円。ほか「みょうが」550円など定番の天ぷらも（各税別）

気の利いた料理を多彩なお酒と一緒に

1～2人向けの刺身「ちょっと盛」1380円（税別）。盛られる魚は季節や仕入れで変わる。日本酒や本格焼酎など、種類豊富なお酒と合わせたい

肴《さかな》や

1F

北海道産の魚介や野菜など店主厳選の旬の食材を、気の利いた一皿で味わえる。「俺のポテトサラダ」「揚げだし豆腐の野菜天のせ」といった気になる一品料理をはじめ「鮭のメフン」などの珍味、縞ホッケなどの炭火炙りと、酒を呼ぶ肴がずらり。また冷凍物は一切使わないという刺身もおすすめで、単品や盛り合わせで旬の味覚に舌鼓を打てる。

さらに見逃せないのが、宮古島の雪塩で味わう天ぷらだ。春はアスパラ、夏はトウモロコシと、その時期一番おいしい野菜をサクッと揚げていて、こちらも酒が止まらなくなる。

テーブル席をつなげて団体利用できるのも高ポイント。飲み放題付きの宴会コース4000円～（税別）もある。

電話：011･272･5001
営業時間：17：00～24：00
（フードLO23：00、ドリンクLO23：30）
定休日：日曜（月曜が祝日の場合は営業、月曜休み）

店主の原聡さん（左）と、料理担当の白井さん。お客同士がすぐ仲良くなれる雰囲気で「実は3組結婚してます」と原さん

カウンターのほか2階にテーブル席もある

ちょっとつまんで一杯
日本酒をバル風に楽しむ

日本酒、ワインと何にでも合う「酒盗クリームチーズ」400円（税別）

自慢の「焼き餃子」は5個500円〜。ビール500円〜はもちろんワイン（グラス500円〜）とも好相性（各税別）

真夜中のバル

2F

季節モノや定番など20〜30種を揃える日本酒をメインに、国内外のビールやウイスキー、本格焼酎にワインとさまざまなお酒が楽しめるバル。

日本酒はほぼ純米で、北海道や東北、山陰など、酒好きなら思わずニヤケてしまう蔵元をラインナップ。メニューに載っていないお酒もあるので、店主に尋ねてみよう。

酒肴のイチオシは、鶏ガラスープを餡に練り込んだ「焼き餃子」で、そのジューシーな味わいは色々なお酒と合いそう。そのほか「酒盗クリームチーズ」に「レバ焼き」「にんにく桜漬」と、メニュー名を聞くだけでお酒がほしくなるつまみが揃っている。とはいえ通向きというワケではなく、気軽に立ち寄れるのも魅力だ。

電話：090・7640・4000
営業時間：18：00〜翌3：00
定休日：無休

そのカジュアルなスタイルや髪型から、言われなければ絶対にお坊さんとは思えない店主のイチローさん

細長いカウンターのみの店内

店主のミヨさんとスタッフの真吾さん。どちらも明るく、一人で行っても寂しい思いをすることは、たぶんない

自慢のカウンターは12席ほど

人生に迷いが生じたら お坊さんが店主のお店へ

釋迦《しゃか》ばる

2F

個性派店主が多いエムズのなかでも、ここはちょっとスゴイ。店主のイチローさんは、なんと現役のお坊さんなのだ。といっても精進料理を出す訳ではなく、オムレツやアクアパッツアなどお酒に合う手作りメニューを用意。冬にはおでんも登場する。お酒はクラフトビールやワイン、日本酒などなかなかの品揃え。おいしい料理とお酒を味わいつつ、店主と話しをすれば、煩悩なんてなくなってしまうかも。

電話：011·231·6762
営業時間：17：00〜翌2：00（LO1：30）
定休日：不定休

珍しい「塩昆布のアヒージョ」750円。グラスワインは500円〜（各税別）

タラやアサリの旨味を堪能できる「アクアパッツア」900円（税別）

品揃えも造りも本格派 ないのは“気取り”だけ？

Tonii's cafe & bar《トニーズ カフェ&バー》

2F

クルミの一枚板のカウンターは、正統派バーさながら。アルコールもビールだけで13種、ラムやバーボン、シングルモルトに日本酒と計130種以上もの品揃えを誇りながら、店の雰囲気はかなりざっくばらんだ。オーナーのミヨさんも「ウリといえば安く飲めること」とまったく気取りがない。スタッフの藤原真吾さんもナイスキャラで、好きなお酒を飲みながら、ワイワイ楽しい時間が過ごせる。

電話：090·5070·6981
営業時間：18：00〜翌3：00ぐらい
定休日：不定休

「山崎12年」シングル1000円などジャパニーズウイスキーも充実

「コロナ」700円。ほか、ハイネケンなど12種の瓶ビールを用意

かつての狸小路7丁目は、古めかしいアーケードが残るうらぶれた雰囲気の商店街だった。しかし、同じ西7丁目にエムズスペースができたことで、狸小路にも飲食店が増え、賑わいを取り戻していく。

その流れを勢いづけたのが、2012年オープンのタヌキスクエア。建物の存在感と個性豊かな飲食店は人の流れを変え、7丁目を盛り上げている。

スクエアの建物は、古本屋や服屋など複数の家屋を改築、一体化させたもの。それだけに、内部はまるで迷路のような造りになっている。初めて建物の中を歩くと、自分がどこにいるか一瞬わからなくなるほどだ。

「通りかかった観光客が入ってきて、建物のなかをぐるぐるまわったり、2階に上ったりしている姿をよく見かけますね」と話すのはエムズの斉藤正広オーナー。

迷惑しているのかと思いきや、「逆にうれしんだよね。自分のつくった建物を、面白がってくれてることがよくわかって」と顔をほころばせる。

また、裏側で建物が接するエムズビルヂング（16年オープン）とは、通路で行き来できる。実に4年越しのランデブーとなったが、斉藤さんの頭の中には最初からあった構想だそう。

そんな斉藤さんにとって、テナント施設をつくる喜びは、どんなところにあるのだろう。

建物の内部が迷路のようなTANUKI SQUARE

街に活気と賑わいを生む遊び心いっぱいの発想力

「ここにはこんな店が入ってほしいって空想しながら、平面図に当てはめていくのが楽しいんです。ここは絶対カフェ、ここにはちょい呑みの店とか、想像を膨らませながらつくっていく過程が一番わくわくしますね」。

自ら楽しみながら、型にはまらずプランを練り上げる斉藤さん。おもちゃ箱をひっくり返したかのようなエムズ雑居群の活気と賑わいは、遊び心いっぱいの発想力から生まれている。

PENCIL BLD.

ペンシルビル　南2西6

独特の細長い形に、とんがった三角屋根。名前の通りエンピツ型のビルは、なんだかアート作品のよう。らせん階段をぐるぐる上がり扉を開ければ、温かい笑顔で迎えてくれるお店が待ってます。

一度見たら忘れられないユニークな造り。南2西6の仲通りにあり、ユーズラボ（P102）とは目と鼻の先だ

1フロアに1店が入る。階段を踏み外さないよう、飲み過ぎには注意！

こだわりの道産食材と日本酒で一献

HOKKAIDO 和食七輪 ひやまる 3F

ビルの最上階に2017年4月にオープンした新店。店長の小川拓馬さんは道南にある今金町の出身で、地元で100年近く続く豆腐店の5代目。メニューにはその豆腐を使ったものや近海産の魚介、契約農家の豚肉など、道産食材を使ったものだけが並ぶ。

なかでもオススメは、厳選素材をシンプルに楽しめる七輪焼き。キレのいい道産日本酒と一緒に味わえば、素材の旨味がより引き立つ。

上／ほぐした身を殻の中に詰め、七輪で焼く「森町産地直送 蟹の甲羅焼き」980円
下／お店の名物メニュー「厚沢部町しぶたの毎日きのこ 生きくらげのお刺身」680円

明るい笑顔の小川さん。産地を巡り、信頼できる食材だけを提供している

奥行きのあるカウンター9席の店内。25名ほどが座れる2階席も

電話：070・4113・6172
営業時間：11：30〜15：00、17：00〜翌2：00
定休日：不定休

ゆる〜くやってるけど カットは常に妥協せず

ビルのオープン当初から入る美容室で「ゆる〜い感じで日々やっています」と店主の松下学さん。カットは4200円〜で、セットやメイク、前髪のみのカットも受け付ける。ワックスなどにもこだわりがあり、オーガニック素材のものを使用。初来店の場合20％オフというサービスも。

二条横丁「主」（P71）の店主・傳野さんとは同じ場所で修業していたそう。これもM'Sの縁なのかもしれない。

SALON《サロン》

2F

電話：011・271・1726
営業時間：11:00〜19:00（日曜、祝日は〜17:00）
定休日：月曜

その人の雰囲気に合ったヘアデザインを心がける

オーナーの松下さん含む3人のスタッフで営業する

店内は名前の通りサロン風で、奥行きがある

U'S LAB.

ユーズラボ　南2西5

通称オヨヨ通りと呼ばれる南1条と2条の仲通りを歩いていると、ひときわ目を引く異国情緒漂う建物。どれも居心地のいい店ばかりで、長居してしまうこと必至です。

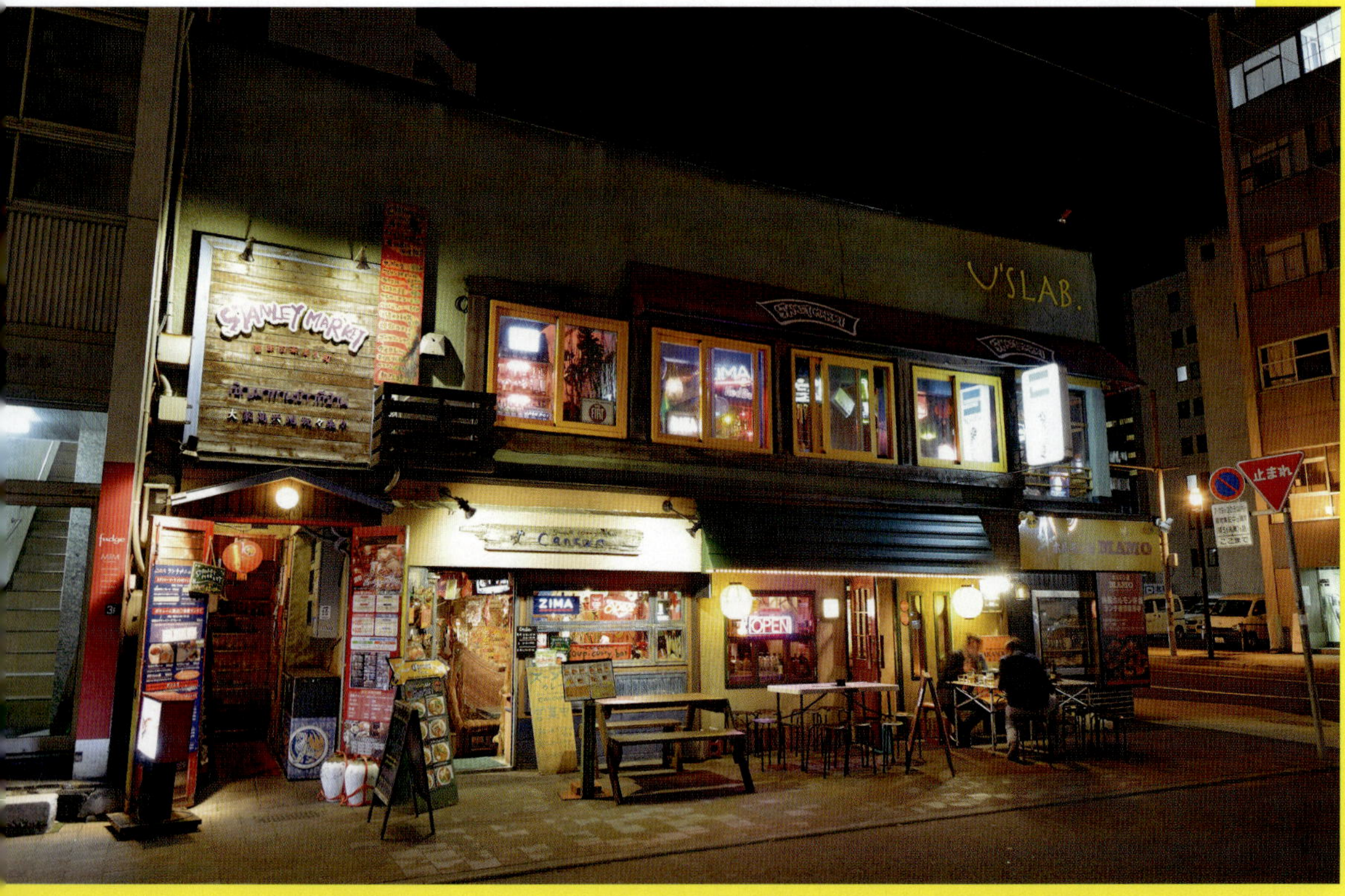

色鮮やかなライトが光り、ちょっと怪しげな雰囲気

ビールとピリ辛料理で気分は東南アジアの屋台

20代から60代まで、幅広い年齢層で賑わう

「開店以来、あっという間の17年です」と大塚さん

　扉を開けると極彩色のライトが怪しく光り、壁や天井など至るところに飾られたアジア雑貨が目に飛び込んでくる。東南アジアの屋台街のような異国情緒たっぷりのアジア料理店で、タイを中心にベトナムやインドネシア、中華など、各国の家庭料理が楽しめる。

　この店のオーナーで、ユーズラボの大家である大塚裕二さんはエムズカンパニー代表・斉藤さんと古くからの付き合い。お店の前身「赤柱」の店主を務めていたが、2000年に建物を買い取り名前もリニューアル、大改装を施した。

　店内は広々としており、ゆうに70人は楽に入れる。グループでの利用が多いが、一人飲みセットなどもあるので気兼ねなく利用したい。

STANLEY MARKET《スタンレー マーケット》

2F

エビなどの魚介をのせたタイの春雨サラダ「ヤム・ウン・セン」680円。タイビールの「シンハー生」810円と一緒にどうぞ

開店当初から不動の人気を誇る「カオパッ」810円。ラオス風の焼き飯で、ピリ辛がクセになる。卵を混ぜて味わおう

電話：011･242･2039
営業時間：12：00～16：00、17：30～24：00
（金曜は～翌2：00、土曜は12：00～翌2：00、日曜、祝日は～23：00、LO各30分前）　定休日：なし

佐藤さんはスタンレーマーケット（P103）出身で、2004年に独立

エキゾチックな店内は全16席。夏には屋外席も登場

リゾート風の店内で味わう スパイシーなカレー

ガラムマサラをまぶした「ガラム手羽先唐揚げ」4本480円は、ビールと相性バッチリ

Small《スモール》 curry《カレー》 bar《バー》 Cancun《カンクーン》

1F

メキシコのリゾートをイメージしたというエキゾチックな内装。店名の〝カンクーン〟もメキシコ南東のリゾート地が由来だという。「海外の雑貨や流木を集めて飾ったり、スタッフがイラストを描いたりして、今の形になりました」とオーナーの佐藤大輔さん。

　自慢のスープカレーは18種類のスパイスをブレンドし、セロリやタマネギなどの香味野菜と豚骨、丸鶏を8時間以上煮込んだもの。一口するとスッキリとしながらもコクと旨味が感じられ、足繁く通うファンが多いのも納得だ。

　テキーラやラム、ジンのカクテル各種ほか、海外のビールも多数揃えているので、夜には単品料理をつまみに酒場としても使えそう。

人気の「チキンandベジタブル」980円。辛さは0〜20番まであり、スープは通常のほかココナッツ、エビの3種類から選べる

電話：011・261・7099
営業時間：11：30〜21：00（LO20：30）
定休日：不定休

いつでも明るく出迎えてくれる店主の河田さん（左）と
スタッフの佐藤梨沙さん（右）

店内は立ち飲み席が詰めて10席ほど。
奥や入り口にテーブル席もある

「ポテトサラダ」380円。「札幌で一番美味しいポテトサラダを作ろうと試行錯誤しました」と河田さん。ビールは480円〜

海外客も多い立ち飲みで
語らいながら気軽に一杯

SAKANOVA《サカノバ》

1F

奥行きのある立ち飲みバーで、ふらりと気軽に立ち寄れる。テーブル席もあり、グループ利用も可能。夏場はテラス席も登場し、外で食べるジンギスカンが人気だ。

アルコールメニューはビールにワイン、日本酒やカクテルなど80種類ほど。店主の河田静さんは、「16〜18時のハッピーアワーでは、1杯380円で飲めますよ」とニッコリ。

食事はアヒージョやカルパッチョのほか、ポテトサラダやエイヒレ、イカの一夜干しなどの居酒屋風メニュー、フグの卵巣の粕漬けといった珍味まで多彩に揃う。

海外の観光客も多く立ち寄るほか「女性の一人客も大歓迎です」と河田さん。好みのお酒を気兼ねなく楽しもう。

「仔羊のカルパッチョ」980円。ワインやバターを混ぜた醤油を使い、山ワサビをふりかけた逸品だ

電話：011･222･7799
営業時間：15：00〜24：00（LO23：30）
定休日：日曜（祝日の場合は翌日休）

さっぽろ

M'S グラフィティー

札幌の街を元気にしてきた、エムズ44年の軌跡

70年代初頭に生まれた小さな音楽喫茶からはじまり、90年代に大きく飛躍したエムズ。2000年以降も、カタチを変えながら拡大を続ける44年のあゆみを、今はもうなくなってしまった懐かしい店を中心にグラフィティー風にたどってみよう。

1973 OPEN
そうるきっさ しゃらく

73年11月、南3西6長栄ビル地下にオープン。当時の南3条通り界隈には、ジャズ喫茶の「B♭」「ACT」、ロック喫茶の「祐天堂」「ぽっと」など、若者の集まる音楽喫茶が多数集まっていた。しかし、それらがひしめく西5丁目から1丁西にずれた、西6丁目に店を出すあたりに、のちの片鱗がうかがえる。店内は緑と黄、れんが色で統一され、木目を生かしたインテリアとランプの照明が、若い女性客に好評だった(77年5月閉店)。

「月刊ステージガイド札幌」に初掲載された広告(右上)と掲載号表紙(74年4月号)。右下は「しゃらく」の路上看板(同75年10月号より)

東映仲町(84年3月撮影、札幌市公文書館蔵)

●1976年西5丁目界隈

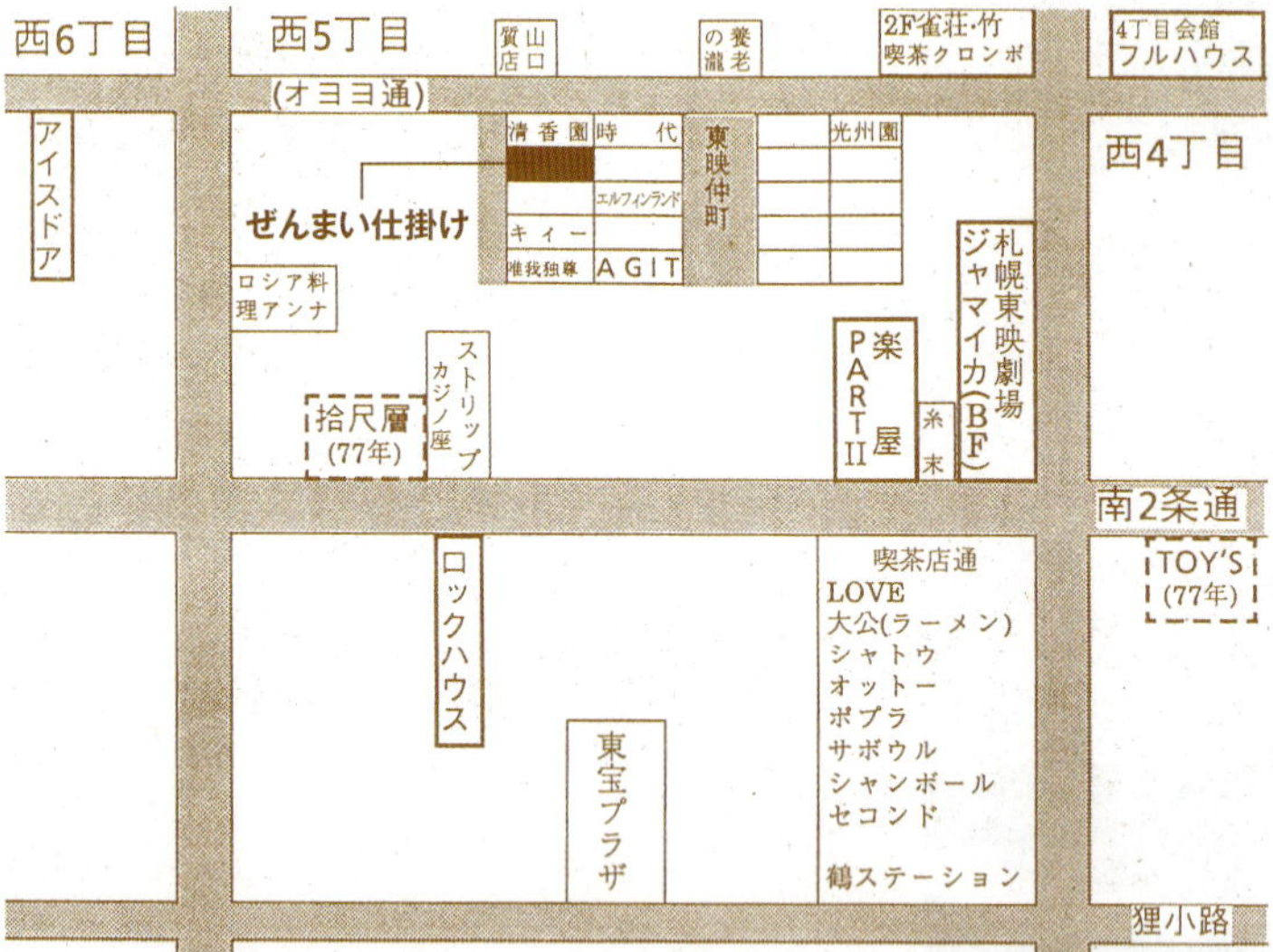

＊『妖精時代1974～1994 エルフィンランドの20年』(非売品、94年、株式会社キノ)掲載の地図を一部改変

1977 OPEN
ぜんまい仕掛け

77年、南2西5の東映仲町内にオープン。ロック・フォークの流れる5坪ほどの店内で、若者たちが肩寄せあいながら過ごすような喫茶店だった。東映仲町は、当時「月刊ステージガイド札幌」編集長だった和田由美が名づけたオヨヨ通り(南2条仲通り)にある飲み屋街だった。

オヨヨ通りの西6に「アイス・ドアー」、東映仲町に「エルフィンランド」など人気店が集まり、若者が闊歩するエリアでの〝青春ロマン営業〟だった(80年9月閉店)。

1982 OPEN WITH BAR（ウィズバー）

82年、南6西3秋水ビル2階にオープン。30年代のアメリカン・パブを再現した贅沢なインテリアが特徴で、同時代のヴォーカル主体のジャズを流した。また、後年のビリヤードブームに先駆けてポケットビリヤードを設置。今なお老舗バーとして人気を集める。

1981 OPEN PELICAN BARD（ペリカンバード）

81年、南1西5日住金札幌ビル（現豊川南1条ビル）地下にオープン。当時最先端のスタイルを取り入れ、店主自らデザインも手掛けたことで、店舗プランナーとなるきっかけとなった。コンクリート打ちっぱなしの壁にれんがを合わせた内装が新鮮だった（のちに「チュチュペリカン」から「寅の子」を経て閉店）。

1951年（昭和26） 1月14日、エムズカンパニー&MARO企画代表の斉藤正広が稚内で誕生（のちに増毛へ移り、高校卒業まで過ごす）

1971年（昭和46） 北海道デザイナー学院を卒業後、アテネ店研に入社。店舗デザインおよび現場を担当する

1973年（昭和48） 音楽喫茶「そうるきっさ しゃらく」のオープン後にパートナーとして参加

1977年（昭和52） 喫茶店「ぜんまい仕掛け」オープン

1981年（昭和56） BIRDLAND(株)を共同設立。カフェバー「ペリカンバード」オープン

1982年（昭和57） 「ウィズバー」オープン

1985年（昭和60） ビアホール「恵比寿倶楽部」オープン。同店閉店後、会社解散

1987年（昭和62） 「ベーブルース」（南3西7）オープン。当時、店の周辺は飲食店のほとんどない、寂しいエリアだった

1989年（平成元） ベーブルースを改装して、「屋台料理カムカム」オープン

1992年（平成4） エムズカンパニー設立。中華酒場「赤柱（スタンレー）」オープン

1994年（平成6） イタリアン「ララ宇宙」「イッツ・ア・スモール・バー」（南2西2）オープン

1995年（平成7） 初のテナント施設「エムズスペース」（南2西7）オープン

1996年（平成8） お惣菜酒場「菜 もっきりや」（南2西5）オープン。「ララ宇宙」を大改装し、フレンチ・カフェ「カフェ・ラ・ピアンタ」オープン

1985 OPEN 恵比寿倶楽部

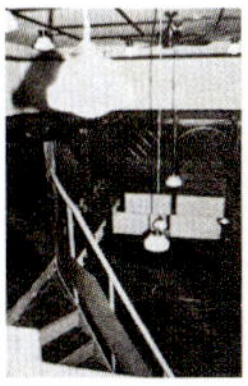

＊写真2点は「月刊Yellowpage」85年9月号より転載

85年7月20日、南4西3の2Mビル3、4階にオープンしたビアホール。大正時代のカフェやミルクホールの雰囲気を再現した店で、3、4階が吹き抜けの階段でつながっていた。輸入ビールを10数種揃えていたといい、これまた時代に先駆けた店だった（のちに閉店）。

1989 OPEN
屋台料理 CAMCAM（カムカム）

89年、2年前に開いた「ベーブルース」を改装して南3西7スペース1階にオープン。東京で出合った台湾小皿料理にヒントを得て、中国家庭料理にエスニック料理のエッセンスを加えた〈無国籍料理〉を標榜した。店内もアジアの屋台感覚を取り入れたインテリアで統一し、人気を博した（のちにM'S SPACEへ移転）。

上／広告に掲載された店内は、店主自らペンキを塗り、エスニック柄の布を飾った無国籍風（90年11月）
下／広告に掲載された当時のスタッフ（94年5月）。キャッチコピーは「あやしげな元祖無国籍屋台」

上／オープン当初に提供していたエスニック料理
下／薄暗かった南3条通りを明るくした
＊写真2点は「月刊Yellowpage」91年2月号より転載

1999年（平成11） 「カフェ・ラ・ピアンタ」を大改装し、中華「東風（とんぷう）」オープン

2000年（平成12） 「赤柱」が入る建物を大改築し、2階を「スタンレーマーケット」にリニューアル。1階は貸店舗にし、建物を「ユーズラボ」と命名

2001年（平成13） 「隠れな春さめや」（南3西7）オープン。「スタンレーマーケット」の経営を譲渡

2003年（平成15） 「ペンシルビル」（南2西6）が竣工、焼酎バー「月の中」オープン

2004年（平成16） ペンシルビルに地鶏バー「十三夜」オープン

2005年（平成17） 「隠れな春さめや」を「肴や・バール」に改称

2006年（平成18） 雑居ビル賃貸に向け、MARO企画設立。テナント施設「エムズ二条横丁」（南2東1）オープン

2007年（平成19） 「月光」（南3西7、狸小路7丁目）オープン

2008年（平成20） 「カムカム」「菜もっきりや」「月の中」「十三夜」「肴や・バール」「月光」各店の経営を譲渡

2009年（平成21） テナント施設「エムズイースト」（南2東1）オープン

2012年（平成24） テナント施設「タヌキスクエア」（南3西7、狸小路7丁目）オープン

2014年（平成26） 「エムズ仲町」（南4西1）オープン

2015年（平成27） テナント施設「エムズイーストⅡ」（南2東1）オープン

2016年（平成28） テナント施設「エムズビルヂング」（南3西7）オープン

1992 OPEN　赤柱（スタンレー）

92年4月15日、南2西5興和パーキング2階にオープンした中国惣菜料理居酒屋。香港風のエキゾチックなインテリアが特徴で、当初はランチ・飲茶・ナイトの3部営業を行った（写真は94年4月の広告より）。2000年には建物を大改築し、2階ワンフロアを「STANLEY MARKET」としてリニューアルオープン。

上／オープン時の外観。現在と違い、蝦夷麦酒の看板が下側にある
下／M'S SPACEの誕生時から今も続く「たぱす」開店時の店内

1995 OPEN
M'S SPACE(エムズスペース)

95年3月、南2西7にオープンしたM'Sの原点となる初のテナント施設。若き日を振り返る感覚でプロデュースする雑居ビルのスタートとなった。建物は壁紙店の工場を大幅に改築したもので、当初は「たぱす」「チャクラ」「不良外人の巣」「サルティンバンコ」「惣菜酒店」「フラワーピリカ」の6店でスタートした。のちに大改築を行い、現在に至る。

＊写真2点は「月刊Yellowpage」1995年5月号より転載

1994 OPEN
LaLa(ララ)宇宙

94年3月18日、南2西2の南2条通りラルズ（現・ベガスベガス狸小路2丁目店）横にオープンした欧風料理居酒屋。イタリアを中心に、ヨーロッパ各地の料理をヒントにした創作料理を提供した。中2階の小上がりや天井が洞窟風になった椅子席など、凝った内装も話題を呼んだ（のちに「Cafe La Pianta」、「東風」を経て閉店）。

＊写真は「月刊Yellowpage」94年5月号より転載

＊写真は「月刊Yellowpage」96年9月号より転載

1996 OPEN
Cafe La Pianta
(カフェ・ラ・ピアンタ)

96年7月8日、「LaLa宇宙」を大改装してオープンしたフレンチ・カフェ。この頃、第2のカフェブームが到来し、女性を中心に好評を得た。店内はヨーロッパ調のシックなインテリアでまとめられ、オープンテラスの外観はパリの街角のよう（のちに「東風」を経て閉店）。

オープン当時は珍しかった、昔の大衆酒場を思わせる昭和レトロなインテリア

2階の座敷にはちゃぶ台もあり、どこか懐かしさを感じさせた

1996 OPEN
菜(さい) もっきりや

96年6月14日、南2西5にオープンしたもっきりスタイルの惣菜酒場。昔ながらの酒場を現代風にアレンジしたもので、カウンターには7～8種の大皿料理を並べた。近年の酒場ブームが巻き起こるはるか前から、こうしたスタイルを確立していたことは、もっと評価されていい。

＊写真2点は「月刊Yellowpage」96年8月号より転載

M'Sの仲間たち

40年以上の歴史を持つエムズカンパニーは、元スタッフが営む店や関連店も多数。いろんなところに仲間がいるんです。あなたが知っているあんな店やこんな店も、実はエムズの仲間だったりするかもしれません。

WITH BAR《ウィズ バー》

35年の歴史をしのばせる重厚な扉が出迎えてくれる

ボトルが並ぶ棚やビリヤード台など、開店当時から造りはほぼ変わっていないという

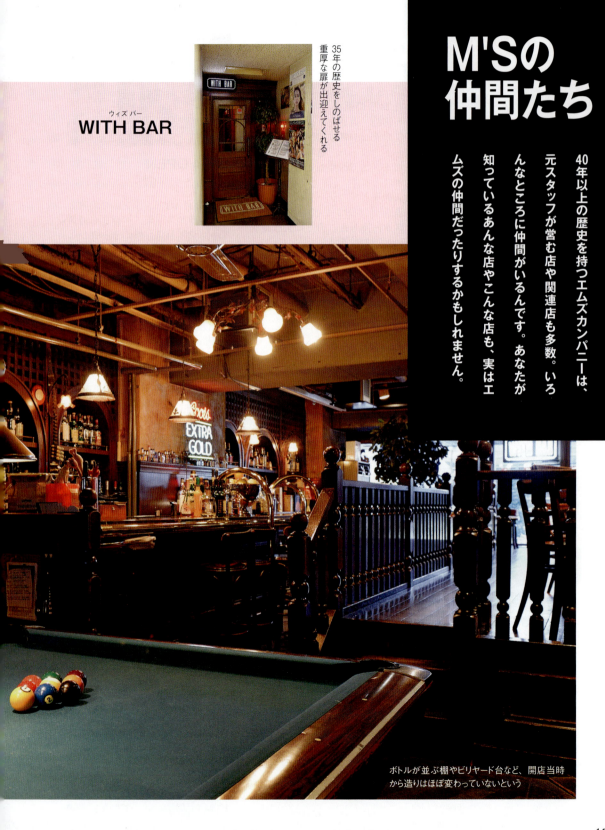

開業から35年
一日の締めくくりに
ピッタリの老舗バー

1982（昭和57）年オープンの老舗バー。この店を開いたのは、エムズカンパニーの斉藤正広オーナー。現在のオーナー・栗田良房さんは、中学生の頃に斉藤さんが営む「そうるきっさしゃらく」に通っていたそうで、「そこでの出会いがきっかけで店長を務めることになり、今に至るんですよ」と当時を懐かしむ。

お酒はスコッチを中心にオールドボトルのウイスキーを多数揃えており、カクテルも定番から旬のフルーツを使うものまで500種類以上。フードも充実しており、シェフが作る道産食材にこだわったイタリアンが楽しめる。一見敷居が高そうだが、「バーに行くのは初めて」という人もくつろげる一軒だ。

音楽にも造詣が深い栗田さん。お酒についてわからないことがあれば気さくに答えてくれる

江別市で育ったブランド豚をジューシーに焼き上げた「奄夢豚のグリル」1400円など、しっかりと食事を楽しみたい人向けのメニューもある

目にも鮮やかな「サウスアイランド」800円。カクテル、ウイスキーともに1杯700円から用意する

住所：札幌市中央区南6西3 秋水ビル2F
電話：011･512･7707
営業時間：19：00～翌3：00（日曜、祝日は～翌2：00、LOは各1時間前）　定休日：なし

「今後はスペイン料理以外も打ち出したい」と立花さん

ここが隠れ家への入口。秘密の扉のような佇まいがイイ

カウンター席のほか、しっぽりと過ごせるテーブル席もある

WINE厨房　月光

狸小路を見下ろす隠れ家で センスのいい料理とワインを

店主の立花英則さんは、アメリカなど海外で調理経験を積んだ後、ペンシルビル（P100）の「月の中」（2016年閉店）などエムズ系列店の厨房へ。07年の「月光」開店時に同店へ移り、翌年に店を譲り受ける形で独立した。

青果店横の控えめな看板を目印に階段を上ると、そこに広がるのは貴族の邸宅風のシックな空間。まさに大人の隠れ家といった雰囲気のなか、スペイン料理を基本としたセンスのいい一皿を、多彩なワインとともに味わえる。パエリアやタパス各種はもちろんのこと、ここでぜひ注文してほしいのが串物だ。定番の鶏やレバーをはじめ、厳選肉の牛ハラミやブルーチーズつくねなど個性派も見逃せない。

魚介の旨味が米に染み渡った「シーフードのパエリア」M2200円（税別）。完成まで50～80分ほどかかるので、早めに頼んでおこう

右から「鶏レバー」150円、「ブルーチーズつくね」250円、「牛ハラミ串」500円（各税別）

住所：札幌市中央区南3西7（狸小路7丁目）
電話：011･300･0185　営業時間：18：00～24：00（土曜は17：30～、日曜、祝日は17：30～23：00、フードLO各1時間前、ドリンクLO各30分前）　定休日：月曜

左／黒壁が印象的な外観。残念ながら建物の取り壊しが決まっており、2018年春に移転予定
右／全20席。天井が高く居心地がいい

「M'Sがボクの原点です」という店主の田畑肇さん

季節メニューの「イワシのベッカフィーコ」1000円。イワシでチーズやハムを巻き、パン粉をまぶし表面をカリッと焼き上げている

ポルチーニの旨味が細めの平打ち麺に絡まる「道産ポルチーニのタヤリン」2000円。ワインはグラス600円～

優しく繊細なイタリアン
天然キノコの一皿は必食！

TSUBAKI HALL《ツバキ ホール》

狸小路1丁目を南北に抜ける小路に佇む、小さなイタリア料理店。オーナーシェフの田畑さんは、エムズが手掛けたフレンチカフェ「カフェ・ラ・ピアンタ」（1999年閉店）を皮切りにエムズ系列店で腕を磨き、25歳で独立。29歳の時にこの店を開いた。

季節感を大切にしたイタリアンが好評で、定番のほかに食材ありきの日替わりメニューを用意。いずれも食材の風味を引き出した繊細な味わいで、ワインとの相性も素晴らしい。なかでも店主自らが採ってくる天然キノコを使った料理は、同店ならではのスペシャリテだ。木～日曜、祝日にはスープに3種類から選べるパスタ、ドリンクなどが付く、満足度の高いお得なランチも。

住所：札幌市中央区南2西1-5 No.20広和店舗2F
電話：011・271・9614　営業時間：12：00～15：00（LO14：00）、18：00～24：00（LO23：30）
定休日：月曜、ほか月一回不定休あり
※ランチ営業は木～日曜、祝日のみ

「道産食材にこだわっているのも
ウチの特徴」と渡部さん

レトロな雑貨が飾られる店内。
奥には座敷があり2階席も用意

裸電球に照らされて暖簾が
はためく、昭和を感じる佇まい

料理も雰囲気も
昭和の匂い漂う酒場へ

菜《さい》 もっきりや

ユーズラボ（Ｐ１０２）の2軒隣、通称オヨヨ通りに店を構える居酒屋。築70年ほどという建物を利用しており、どこか懐かしい昭和レトロなムードが漂う。元々はエムズカンパニーの斉藤オーナーが１９９６年に開いた店で「僕も20歳ぐらいから通っていたんですよ」とは、4代目店主の渡部勝之さん。２００８年に経営を譲り受けた。

料理は煮付けや揚げ物といったお晩菜をメインに、炭焼きや刺身など60種類ほどが揃う。一品３８０円からという良心的な価格が、またうれしい。店内には懐かしの映画ポスターや看板、雑貨などが所せましと飾られ、昭和の雰囲気にどっぷりとはまり込んでしまいそうだ。

先代から変わらない作り方だという「北あかりの肉じゃが」380円。カウンターに並ぶ大皿からよそってくれる

1 cmほどの厚さに切ったハムをこんがりと揚げた「昭和のハムカツ」480円

住所：札幌市中央区南2西5 仲通り　電話：011·219·0515
営業時間：12：00～売り切れ次第終了、18：00～翌1：00
定休日：日曜（月曜が祝日の場合は営業）

「フレンチと言っても堅苦しい店ではないので、カジュアルに使ってほしいです」とシェフの佐藤さん

大人なムードのカウンター。通り側にはテーブル席も

hofe《ホフ》

シンプルで奥深いフレンチを肩肘張らずカジュアルに

クラシカルな定番から遊び心ある一皿まで、手抜きのない料理が味わえるフレンチ・ビストロ。シェフの佐藤純基さんは21歳の頃「カフェ・ラ・ピアンタ」で働いたことが、料理人になるきっかけに。その後、フレンチの名店やフランスで腕を磨き、2003年にこの店をオープン。11年に現在地へ移転した。

佐藤さんの料理は仕立てはシンプルながら、果物やスパイス使いが独創的で、口の中で旨味や酸味などが立体的に浮かび上がってくる。2人でシェアできる料理が多いので、あれこれ頼んで取り分けて味わいたい。前菜でちょっと一杯もよし、コースでじっくり味わうもよし。そんな幅広い楽しみ方ができるのも魅力だ。

鴨モモ肉のコンフィとバラ肉、ソーセージのオーブン料理「カスレ」2800円（税別）。2人で食べるのにちょうどいいボリューム

前菜の「豚ホホ肉とフォアグラのテリーヌ」1600円。ワインは約200種あり、グラス650円～（各税別）

住所：札幌市中央区南3西6-10-3 長栄ビル2F
電話：011･596･8818
営業時間：18：00～翌1：00（LO24：00）
定休日：日曜（月曜が祝日の場合は営業、翌月曜休）、第1月曜

里佳さんとスタッフのるいさん。真ん中は今もお店を見守っている敞介さんの写真

屋台風で開放感たっぷりの店構え。冬もビニールで囲って営業する

店内は20席ほど。写真やステッカーなどが至るところに貼られている

右から2番目が敞介さん。初代CAMCAMで当時のスタッフと（近藤里佳さん提供）

まるでバーベキュー気分！屋台感覚で味わう炭火焼肉

肴《さかな》や しょうすけどん 本店

すすきのから国道36号を創成川方面へ歩いていくと現れる、屋台を思わせる店構え。「屋台料理 カムカム」（P12）などのスタッフだった近藤敞介さんが、1994年に開いた炭焼き居酒屋だ。常連からは「しょうちゃん」と呼ばれ、慕われていた敞介さんだが、2010年に亡くなり、現在は奥さんの里佳さんが店を経営する。2人が出会ったのも、カムカムでのアルバイトがきっかけだったとか。

メニューは七輪で焼くジンギスカンやホルモン、魚介などが名物で、バーベキューのような感覚で楽しめる。なかなか入りにくそうだが「女性一人でも気軽にどうぞ」と里佳さん。少し勇気を出して飛び込んでみよう。

住所：札幌市中央区南4西1　電話：011･232･9755
営業時間：18：00～翌2：00
（フードLO1：00、ドリンクLO1：30）
定休日：日曜、祝日

右／「牛ヒレ肉塊」1100円。塊のまま焼いて、ハサミで切って食べる贅沢な一品

下／七輪を使い、網で炭火焼きする「生ラム」650円と「野菜盛り」400円。自家製のピリ辛タレはご飯とも相性がいい

ここにもM'Sの仲間たち

M'Sの仲間は札幌中心部以外にも!　遠くても行きたい、おすすめの2軒をご紹介

こだわりの焼鳥と一緒に青森の郷土料理と地酒を

焼鳥　坂ノ途中

川村亘さんと幸穂さん夫妻が切り盛りする、名前の通り坂の途中にある焼鳥店。幸穂さんは「菜 もっきりや」（P114）の創業時のメンバーで「40歳を前に2人で何か始めよう」と話し合い、2015年にこの店をオープンした。

職人に特注した炉で焼くこだわりの焼鳥ほか、幸穂さんの出身である青森の郷土料理もメニューに並ぶ。日本酒も青森の地酒を多数揃えているので、合わせて楽しんで。

焼鳥好きが高じて店を持った亘さん。室蘭の焼鳥店で修業を積んだ

とろける食感の豚の大腸「しろ」や「つくね」など各216円。焼鳥は1串108円から、日本酒は540円から用意する

貝殻を鍋に使い、味噌と卵を溶いて煮る青森の郷土料理「ほたての貝焼き味噌」702円

白石藻岩通り沿い、地下鉄南平岸駅がすぐの場所に店を構える

住所：札幌市豊平区平岸4-13-9-24
電話：011･841･1800
営業時間：17：00～23：00（LO22：00）
定休日：月曜

ディープ小樽で味わう独創的なエスニック料理

NEGRA《ネグラ》

「屋台料理 カムカム」（P12）や「スタンレーマーケット」（P103）で腕を振るってきた料理人のノリさんと梅木さんが営む、ちょっとディープな酒場。

沖縄人もその旨さに驚いたというゴーヤチャンプルーやシンガポールビーフンなど、アジアンテイストを盛り込んだオリジナル料理が好評だ。戦後間もなくから続く小樽中央市場にあり、人の体温を感じるレトロで雑多な雰囲気もイイ。

「カムカム」のスタッフだった梅木信宏さん。ミュージシャンの顔も持つ

野菜がたっぷりの「島ふとゴーヤのチャンプルー」800円。モチッとした沖縄のお麩とスパム入りで、食べ応えも◎

一口食べれば口の中が“ジンギスカン”な「ジンギスカンしゅうまい」4個600円

店があるのは観光地・小樽の中でもかなりローカルなエリア

住所：小樽市稲穂3-11-1 小樽中央市場ビル1棟
電話：080･3267･9595
営業時間：18：00～翌2：00（フードLO23：30）
定休日：不定休

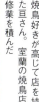

［エムズ同窓会］
仲間たちと振り返る 忙しくも楽しかった カムカム怒涛の日々

エムズ飛躍のきっかけとなったのが、1989年に誕生した「カムカム」だ。オープンから間もなく人気店となったことで、のちに姉妹店も増えていく。その現場を支えたスタッフが集まり、まだやんちゃだったあの頃を語り合った。

若き日に出会ったエムズの仲間たち

兄ちゃん　初代の「カムカム」（南3西7）は、1989年にオープンしてるけど、さえちゃんはその頃からいたの？

冴ちゃん　カムカムになる前の「ベーブルース」時代で、その最後の頃から手伝うようになってた。

コージ　たかこさんも高校時代から通ってたんでしょ？

貴子さん　それは喫茶店「ぜんまい仕掛け」（77年オープン）の時で、お客さんとして。エムズに入ったのは92年に「赤柱（以下スタンレー）」をオープンするとき、「事務を手伝ってほしい」って誘われたのがきっかけ。

冴ちゃん　へー、知らなかったあ。

貴子さん　さえちゃんはベーブルースの時、まだ高校生でしょ？

冴ちゃん　17歳のときに通ってた古着屋さんのお客さんに連れて行ってもらったのが最初。その後、パーティーがあるときだけ月2回くらい手伝ってたんだけど、カムカムがオープンしたときにスタッフになって、斉藤さんと料理担当の中国人・鄧《とう》さんの3人ではじめたんだよね。

貴子さん　吉田兄弟は、コージの方が先に入ったんだっけ？

コージ　実は、おれよりも先に妹が「ララ宇宙」で働いていたんだけど、体調を崩しちゃってやめるっていうから、それじゃおれを紹介してって。

貴子さん　ララ宇宙が最初なんだ。

コージ　まろさん（エムズ・斉藤正広オーナーの愛称、以下同）が面接してくれて、どこかで会ったことあるなと思ったら、ベーブ

［出席者］

左 **吉田歩《あゆむ》（兄ちゃん）**
「屋台料理CAMCAM（カムカム）」店主。初代カムカムにスタッフとして入り、のちに店長となる。2008年に経営を引き継ぎ、現在は店主。

右 **吉田耕爾《こうじ》（コージ）**
「ネオ酒場Waltz（ワルツ）」店主。ファンクバンド「cosmic stew」ボーカル。「LaLa宇宙」にスタッフとして入り、初代カムカムへ移動したのち独立。

中左 **成田貴子《たかこ》（貴子さん）**
1992年の「赤柱（スタンレー）」オープン時に事務担当として入社。スタンレーのランチでは料理を作るなど八面六臂の活躍をしたのち退職。

中右 **寺西冴子《さえこ》（冴ちゃん）**
カムカムの前身「ベーブルース」時代にバイトをはじめ、初代カムカムオープン時に正式スタッフとなる。その後、「菜 もっきりや」を経て退職。

集まったエムズ初期スタッフの面々（撮影協力：屋台料理CAMCAM）

ルースの店主だって気づいて。中学生の頃、南3条通りの古着屋によく買い物に行ってて、その帰りにコーヒーを飲みに寄ってたから。

冴ちゃん　その頃はカフェバーだったからね。

コージ　そんなわけで、ララ宇宙に入ってすぐ、併設の「イッツ・ア・スモール・バー」を一人でやってくれってまろさんに言われて。その時が21歳だったかな。

兄ちゃん　おれの場合、海外から帰ってきたばかりで仕事に就いてなかったから、カムカムにいたコージに頼んで紹介してもらった。入ったらすごくゆるーい感じで、居心地がよくて。

コージ　店に入ってすぐ、定山渓で歓楓会があって、従業員とお客さんでドンチャンやって。なんていい会社なんだと思った(笑)。

貴子さん　あの頃のまろさんはノリにのってて、次から次へと新しい店を出すからついていくのがたいへんだった。

冴ちゃん　一番大変だったのが、たかこさんだったと思う。事務をやり、買い物に行き、座布団を縫って…。

貴子さん　「東風《とんぷう》」がオープンするときは、制服まで縫ったもの。チャイナ服っぽく作ってっていわれて、パジャマの型紙を買ってきて誰でも着れるサイズにして…。わたし、事務で入ったのに、いったい何をやってるのって(笑)。

カムカムの初期は女性スタッフが中心

冴ちゃん　カムカムがオープンしたとき、中華の店だからメニューに青椒肉絲《チンジャオロース》があったんだけれど、まろさんがすぐにメニューからはずしたのが衝撃だった。今考えると、まろさんらしいけど。

貴子さん　でもね、スタンレーのランチで青椒肉絲を出したら、結構たくさん注文が入った(笑)。

コージ　自分がララ宇宙にいた頃は、カムカムって女の子の店っていうイメージだったなあ。さえちゃん、ともえちゃん（故井波友江さん）、みずきちゃん（品田美寿紀さん）が揃ってたから。

貴子さん　新しい店を出すたびに求人するけど、なぜか普通の人が来ない。入ってくるのは、個性の

1

2

3

オープン間もない時期に撮影されたCAMCAMの外観（1989年頃）

1／ベーブルース店内の斉藤オーナー（1987年頃）
2／座談会にも登場いただいた寺西さん若き日のひとコマ（カムカム初期の店内で）
3／初期のカムカムでは、スタッフや常連客との飲み会もしばしば開かれた

強い人ばかりだったよね。
コージ　中国の人も多かったね。カムカムにもスタンレーにもいて。
貴子さん　最初に入った中国人夫婦の親戚が、どんどんエムズに入ってきた。
兄ちゃん　あの子たち、昼間は日本語学校に行って、夜はエムズで働いていたからたいへんだったと思うよ。
冴ちゃん　しかも最初は日本語ができないから、すべて筆談でコミュニケーションをとってた。一晩かけて筆談して、ようやく好きな音楽が「カーペンターズ」だってわかったことも(笑)。
貴子さん　でも、どんどん日本語が上手になって、最後は普通に会話できるようになってた。
兄ちゃん　そういえば移転前のカムカムで、さえちゃんの映画を撮ったことがあったよね。
冴ちゃん　主演させてもらった『押入れの女』(97年、吉雄孝紀監督)に、カムカムで撮影したシーンがあって。だから、昔の店内が映像で残ってるの。
兄ちゃん　コージも映画に出たな。
コージ　店のお客さんに声かけてもらって、ロマンポルノっぽいのに出た。
一同　(爆笑)
コージ　お客さんには業界の人も多かったからね。
冴ちゃん　映画が好きだったから、店で映画関係の人と知り合ってその世界に入られたことは、カムカムのおかげだと感謝してる。

仲間たちと過ごした忙しくも楽しい日々

貴子さん　吉田兄弟がカムカムに入ってから、音楽関係のお客さんが増えたし、友達が従業員として店に入りだして、女の子の店からだんだん男の子の店になっていったよね。
冴ちゃん　女性客が増えた。
兄ちゃん　店のスタッフが男一色になって、さらに売上が増えた。週末はほんと忙しかったなあ。
貴子さん　それと、気軽に食べられる中華料理がまだほとんどない時代に、値段も含めて手軽に小皿で味わえたってことも大きかったのかな。
冴ちゃん　それはお客さんにもよく言われた。一皿の量が少ないから、2〜3人で来てもいろいろな料理を食べられるのがいいって。
コージ　中華でオープンキッチンっていうのもまだ珍しかった。
冴ちゃん　ほんとに屋台風っていう感じだから。
貴子さん　そういえば、吉田兄弟が入ってから、カムカムが飲み屋っぽくなったって、まろさんが言ってたよ。
兄ちゃん　その当時のラム酒って、よその店に行ったら30mlで700〜800円してたんだよね。それで、おれたちの店はもっと量を入れるぞって(笑)。
コージ　お客さんにガンガン酒を飲んでもらいたいなっていう気分で、採算とかはアバウトだった。
冴ちゃん　まろさんが自由にやらせてくれたから、それぞれが自分のやり方で店を盛り上げられたんじゃないかな。
兄ちゃん　その後、2階にあった古着屋さんが移転したんで、そこも店に広げたらガーンとお客さんが増えた。
貴子さん　売上がどんどん増えて、新しい店も次々と増えていった。でも事務を任されてる身としては、そこで生まれた新たな雑務を、後ろからほうきとちりとりを持ってかき集めて対処してるっていう感じだった(笑)。
冴ちゃん　それを、たかこさんが一人で全部やらなきゃいけない。
貴子さん　いま考えたらたいへんだったけど、楽しかったのかな。
冴ちゃん　あの頃は何をやってても苦にならなかったよね。ずっと忙しくてもそれが当たり前だったし、楽しかった。
コージ　忙しいとテンションも上

がってくるしね。

冴ちゃん　だから何をやってても楽しかったし、まろさんも含めて仲間みたいな意識があった。

カムカムにはじまった西7丁目の賑わい

コージ　とはいえ、あんまり忙しくなると、週に1回とかぶちぎれることはあったなあ。

冴ちゃん　スタンレーができた時は、カムカムのスタッフがそれぞれ週1回、ランチを手伝ってねって言われて。

コージ　その週1回のランチに、なかなか行けなくてさあ（笑）。

貴子さん　今みたいに携帯電話がないから、当番の子が来ないと家電に電話するんだけど、なかなか起きない。何回も電話して、出たら「何してんの、早くおいでーっ」って怒鳴って（笑）。

兄ちゃん　それってコージのことでしょ（笑）。

貴子さん　だから毎日がひやひやで、危なそうな人はわかってるから11時くらいに電話をかけて、出るとみんな寝起き（笑）。

兄ちゃん　もう時効だから言うけど、おれら兄弟とか野郎中心にやってた頃のカムカムって、店は深夜1時までなんだけど、帰るのは朝の5時とかなのよ。

コージ　お客さんは帰らないし、店閉めてからもどんどん来てた。

貴子さん　それはわかってたけど、当番は決まってんだから！

兄ちゃん　まあまあ。でも結婚前のうちのかみさんも、当時は深夜2時とか3時にカムカムにきてたんだけど、基本的に朝6時までやってる店だと思ってたって。

一同　（爆笑）

貴子さん　カムカムが南3条通りにあった頃って、通りの向かいにある南3条交番からよく連絡が来てたよね。

冴ちゃん　近所の人から、音楽がうるさいって苦情が入って。

貴子さん　当時、あの界隈は店が少ないから、夜になると静かだった。

兄ちゃん　だから、今みたいに西7丁目が賑やかになったのは、実のところまろさんのおかげなんだよね。

冴ちゃん　昔はせいぜい5丁目くらいまでしか飲食店がなかった。

兄ちゃん　西7丁目周辺に新規で店を出してる人って、若い頃にカムカムにお客さんとして来てくれて、その経験から自分も店をやりたいっていう人が多いんだよね。

貴子さん　まろさんが店の経営から離れて、9年くらいたつ？

兄ちゃん　その間に、「エムズイースト」とか「タヌキスクエア」とかのテナント施設をどんどんつくって、よくここまで増やせたなあと感心する。

コージ　やっぱり、若い人が店をやりたくなるようなテナント施設を作ってるし、家賃とか金額的にも手ごろだからきっとチャレンジしやすいんじゃないかな。そういう、夢を持って挑戦できる環境を作ってくれてるのがいいよね。

冴ちゃん　まろさんが花を咲かせたのって、カムカムを開いた30代後半からだと思う。その頃から、やっとお小遣いを好きに使えるようになったんじゃない？

貴子さん　世間並みになった。

冴ちゃん　だって、ベーブルースの最後の頃、店にまろさんの収支ノートが無造作に置いてあって、チラッと見たら、売上額とか仕入額とかの下に「小遣いがない！」って書いてあった。

一同　（爆笑）

貴子さん　昔からまろさんって、「なんで今の若い人は、ガッツがないんだ」とか、「ロマンがないんだ」とか、よく言ってた。

冴ちゃん　ロマンって言葉、まろさん大好きだよね。

コージ　あと「〜チック」っていうのもよく使う（笑）。

冴ちゃん　まろさんて新しい店を作るたびに、これでもう最後だって言ってるけど、これからもまだまだ作っていくんだろうね。

［青春ほろ酔い対談］

斉藤正広・和田由美

札幌になかったものを生み出すワクワク感が、ぼくらを動かした！

札幌で異色のテナント施設を展開し、自ら店舗設計も手掛けるエムズカンパニー代表の斉藤正広と、札幌初のタウン誌を創刊し、エッセイストとしても活躍する和田由美。

70年代の札幌で、飲食店と出版という異なる世界で一時代を築いた2人が、互いをリスペクトしながら、同じ街で過ごした若き日の記憶とここまでのあゆみを語り合った。

斉藤正広

1951年稚内生まれの増毛育ち。M'Sカンパニー&MARO企画代表。北海道デザイナー学院を卒業後、アテネ店研に入社し店舗設計を担当。1973年に独立、以降は自ら設計した飲食店を多数経営。2008年にすべての店を手放し、テナント経営に専念する。最新のテナント施設は「M'Sビルヂング」（中央区南3西7）。

和田由美

1949年小樽生まれ。エッセイスト。出版と編集の亜璃西社代表。藤女子短大を卒業後、OL生活を経てステージガイド札幌に入社。のちに編集長兼経営者となる。1988年に亜璃西社を設立。出版業の傍ら、各紙誌でエッセイや記事を執筆する。最新作は『続・和田由美の札幌この味が好きッ!』（亜璃西社）。

緊張気味だった二人も、杯を重ねるごとに舌が滑らかに（撮影協力：たぱす）

70年代前半に踏み入れた今に続くそれぞれの道

和田　今日はよろしくお願いします。取材などで何度もお会いしていますが、対談となると緊張しちゃいますね。

斉藤　ぼくもえらく緊張しちゃうなー。まずは、ビールで乾杯しましょうか。

斉藤・和田　乾杯！

和田　私は小樽生まれの倶知安育ちですが、斉藤さんは増毛の出身だそうですね。いくつまで？

斉藤　増毛には高校卒業まで。

和田　その頃から、デザインには興味がありましたか？

斉藤　札幌のデザイン専門学校に入り、卒業したのが1971年。卒業後、最初はホテルに入って、コックの見習いを1年ほどやったんです。でも、続けることに疑問を感じちゃって…。それで店舗設計の会社に転職して、図面を書いたり現場に出たりしました。そこには2年半ほど。

和田　最初に手掛けた店は覚えていますか？

斉藤　静内のケーキ屋さんだったと思います。

和田　店舗設計の仕事をしていて、どうしてお店を？　最初は、南3西6の長栄ビル地下「しゃらく」（73年オープン）ですよね。

斉藤　オープンして間もなくパートナーとして参加し、しばらくは前の仕事と掛け持ちしてました。その後は店にウェートを移してメインになっちゃったんです。

和田　70年代に私が発行していた「月刊ステージガイド札幌」に、しゃらくの記事や広告が載っています。広告枠の中にイラストを使っていて、斬新でしたね。

斉藤　自分で描いたり、お客さんに描いてもらったりして、作っていました。

和田　その頃の札幌の広告って、文字だけ詰め込んだ堅苦しい感じで、遊び心があまりなかったので新鮮でした。当時、私のこと知っていました？

斉藤　よーく、知っていました（笑）。最初に札幌でタウン誌を作った人な訳だし。

和田　私と斉藤さんって、きっと色々な所ですれ違っていたんですね。「ペリカンバード（PELICAN

3

1

2

1／斉藤さんにとって最初の店となる音楽喫茶「そうるきっさ　しゃらく」の店内（「月刊ステージガイド札幌」74年5月号の紹介記事より）

2／「月刊ステージガイド札幌」74年5月号に掲載された「しゃらく」の広告

3／77年に東映仲町でオープンした喫茶店「ぜんまい仕掛け」の店内。カウンターに入る斉藤さんは、まだ20代後半の若さ

BARD)」や「ウィズバー（WITH BAR)」で出会っているはずなのに…。

斉藤　共通の友達は多いけれど、なぜか知り合う機会はなかったね。その後「さっぽろタウン情報」や「イエローページ（Yellowpage)」が出てきますが、札幌初のタウン誌といえばステガイだから。

和田　4年半ほど経営と編集をやりましたが、ほとほと疲れて人に譲りました。

斉藤　学校を出て、すぐに雑誌をはじめたの？

和田　実は2年ほどOLを経験しています。ダサい事務服を着て、昼休みに大通公園でバレーボールなんかして。どうしても活字の仕事に携わりたくて、この世界に飛び込んだの。まだステガイがタブロイド判の新聞だった時代で、それを雑誌にする時に入りました。

斉藤　まだ「アルバイト北海道」も、わら半紙にガリ版刷りだったなあ。あれを見てバイトに行ったことありますよ。

和田　当時、札幌で一番時給の高いバイトが、さっぽろテレビ塔の窓拭きといわれていました（笑）。

72年創刊の「月刊ステージガイド札幌」（写真は74年5月号表紙）。コンサート情報をメインにした札幌初のタウン情報誌だった

東映仲町が面白かった ワイザツな70年代の札幌

斉藤　南2条の仲通りを〈オヨヨ通り〉っていうけれど、確か和田さんが名づけ親ですよね。

和田　あの頃の南2条仲通りには、面白い店がたくさん並ぶ東映仲町もあって、毎日のように私も通っていました。

斉藤　なぜか、若者文化の発信地のようなムードが漂っていた場所で、小路を抜けるとストリップ小屋もありましたっけ。

和田　そのワイザツさが魅力で、札幌青春街図を作る時に勝手に名前をつけちゃえって、オヨヨ通りと命名。まるで昔からあるように、ルポで書いたのがはじまりです。

斉藤　そうなんだ、（青春街図を手にとって）懐かしいねえ。ロック「祐天堂」か、ここもよく行った。ほかに「ロックハウス」とか「ぽっと」とか。

和田　私は「B♭（ビーフラット）」によく通ったなぁ。

斉藤　僕もB♭にはよく行った。「ａｃｔ（アクト）」は？

和田　店内に独特の緊張感があって、ちょっと苦手だった(笑)。ところで、オヨヨ通りにも店を出していましたよね。

斉藤　「ぜんまい仕掛け」っていう喫茶店を東映仲町に出してました。酒場の「エルフィンランド」やジャズ喫茶の「ＡＧＩＴ（アジト）」なんかがあった呑み屋街でね。

和田　ぜんまい仕掛けは東映仲町のどのあたりにありましたっけ？

斉藤　オヨヨ通り側にあった焼肉店の裏手。奥には喫茶店の「唯我独尊（ゆいがどくそん）」や焼き鳥「キィー」などがありました。

和田　懐かしいですね。

斉藤　ぼくは昔から街めぐりが好きで、どこの街に行ってもとくに呑み屋街が大好き。お洒落なヤツも含めて、大衆的な一杯呑み屋街がいいんです。

和田　私も旅する時は、表通りじゃなくて人の匂いがする裏通り

「月刊ステージガイド札幌」の取材や広告取りに駆け回っていた20代の和田さん

が好き。そういう意味でも、斉藤さんが東映仲町にこだわった理由がわかる気がします。

80年代に入った途端、明るくなった札幌の街

和田　「しゃらく」「ぜんまい仕掛け」と来て、次は？

斉藤　81年にペリカンバードを開いて、次の年にはウィズバーも出しています。

和田　懐かしいなあ、どちらも80年代の名店です。驚かされたのは、ウィズバーの内装へのお金のかけ方。あの当時としてはもの凄く豪華で画期的な店でしたね。

斉藤　アレはかけすぎた（笑）。

和田　私の記憶では学生運動が終焉した70年代半ばまで、若い世代は難しい本を抱えて暗い顔でジャズ喫茶などに入り浸っていました。けれど、80年代に入った途端、世の中が明るくなった印象があります。そんな時代に登場した斉藤さんの店って、新しい時代を象徴していたんじゃないのかな。

斉藤　それまで、ジャズとかロックとか音楽喫茶が全盛だったけど、

雪に埋もれた冬の東映仲町（84年3月撮影、札幌市公文書館蔵）

84年発行の『札幌青春街図』では、和田さんが担当した〈50人が選んだ飲み屋のここがイイ〉で斉藤さんを取材している

さっぽろ音楽喫茶巡り
〜JAZZ&ROCKの巻〜

BOSSA
南3西4西向き　☎231-0805
AM10:00〜PM12:00

誰でも気軽に入れるジャズ喫茶というのがここ〝BOSSA〟。窓があるせいかジャズ喫茶特有の暗さがない。レコードはモダンジャズが中心で枚数は約1,000枚。他の店ではなかなか聞けないジャズボーカルが多いとのこと。話しをしながらくつろげるというので女性のお客も多い。コーヒーは￥180。

BOSS
南3西5南向き　☎261-0067
AM10:00〜PM12:00迄

マスターのあだ名をとって去年の12月15日開店したのが〝BOSSの店・異聞人〟。レコード枚数は、音楽喫茶にしてはまだ少なく120枚ぐらい。「一応何でもかけてます。ジャズヴォーカルが中心だけど…」木目の壁と軽快なリズム、￥170円のコーヒー。若者が（時には35才の青年も?!）集まるオモシロイ店だ。

ぽっと
南3西5ホクシンセンター1F　☎261-9442
AM11:00〜AM1:00㊏AM2:00迄

「シロウトうけするような曲はリクエストされないし、かけない。」というのはロックの店〝ぽっと〟。かなり聴きこんでいる人が多いという。レコード枚数は約750枚。ロックを全般的にかけている。お客は高校生から27.8才までが多い。足でリズムをとりながら陶酔している若者。音楽を自由に楽しむ店〝ぽっと〟。コーヒー￥180。

12

Bb
南3西5狸小路ビレ地下　☎251-3690
AM11:00〜PM11:00迄

常連の人にもいいし、はじめての人にもいい店は〝Bb〟。モダンジャズが中心でレコード枚数は約1,500枚。お客は男性が多いという。『ジャズをつっこんでいる感じ』とはマスターの言葉。スピーカーを目の前にしてじっと聞き入っている若者の姿が目につく店である。コーラが一番おいしい(!)ジャズの店〝Bb〟。コーヒー￥200。

ROCK HOUSE
南2西5北向き　☎231-5643
AM11:00〜PM11:00迄

「札幌は音楽のレベルが低いから…」という所から〝ロックハウス〟は誕生した。ロック、ブルース、フォークを中心にレコード枚数は約700枚。黒一色で統一された店内でレコードに耳を傾けるのは20代の若者。音楽の向上をはかり、コミュニケーションの場を持つ店〝ロックハウス〟。コーヒー￥200。

へらずぐち

ビートルズの曲がかかっていると思えば、つぎは（一種のナツメロになるのか？）「エイトマン」のテーマソングがかかったり、とにかく奇妙な店〝へらずロ〟。何と言っても￥100のコーヒーは今どき貴重なる存在。若者が肩を寄せ合って気軽に話しをしながら、￥100の〝ふりかけごはん〟に舌づつみを打つのはここだけ…？

南3西5美松ビル2F　☎241-8350
AM13:00〜PM10:30

A&M
南3西5東向き　☎231-5919
AM1:00〜AM1:00㊏AM6:00迄

窓があるせいかボッサとはまた違う明るさのある店が〝A&M〟。音楽は何でもかけるそうで、レコード枚数は約200枚。それにテープ約200本。「お客は男女半々の割合で21〜23才が多い」という。コーヒー￥170で、特にスパゲティがおいしいという声が聞かれた。街行く人の姿を見ながら音楽が聞ける店。

祐天堂
南3西5美松ビル2F　☎241-8354
AM11:00〜PM11:00

天井が高く四角い店でモダンな感じがする〝祐天堂〟。レコード枚数は約300枚でロックの店である。お客は18才〜24才の男性が多いという。（かわいい女の子がいるという声も…）マスターの思いつきから〝祐天堂〟と名づけられた。コーヒーはPM1：00まで￥150。それ以降は￥200。それに1：00まで行くといいことがあるかも……。

JAMAICA
南2西5東映地下　☎251-8412
AM9:00〜PM11:00迄

たてに長く薄暗い。小さなジャズの店は〝ジャマイカ〟。レコード枚数は約3,000枚。札幌では古いジャズ喫茶である。モダンジャズが中心でヴォーカルは少ないという。お客はほとんど学生で、眠っているようにさえ感じられ、それぞれジャズの世界に浸ってしまっている。開店してから10年になるという。コーヒー￥180。

act:
南3西5ホクシンセンター地下　☎251-3389
AM11:00〜PM11:00迄㊏深夜1:00迄

「ヒヤリング・ムードを大切にしている。」というのがAct。モダンジャズが中心で、それもより新しいジャズをより早くジャズファンに提供している。レコード枚数もかなり多く2,500枚ぐらい。お客は21.2才の学生が多いという。ひとりで静かにジャズを聞きたい時には最高である。『ジャズという素晴しい芸術にとりつかれてしまった1人として、店を通してより多くの人に伝えてあげたい』とマスターは語ってくれた。コーヒー￥200。

13

「月刊ステージガイド札幌」74年4月号の特集記事より。当時は札幌の中心部に音楽喫茶がひしめきあっていた

80年代になると、泥臭いのから急にフュージョンがBGMのお洒落なカフェバーみたいなのが流行ってね。

和田　深刻な顔をして聴く音楽喫茶から、カフェって名前になった途端、天井に扇風機が回って、バドワイザーとか外国のビールが出てきて、急に明るくなった。

斉藤　和田さんが編集した『札幌青春街図』（84年発行）にも載せてもらったけれど、札幌のカフェバーの走りがペリカンバードかな。あの時代ってのは、一気に変わっていったような気がします。

和田　私は、どっちかっていうとすぐにはついていけない方だったけど、斉藤さんはいつも時代の先を行っていて…。

夜は粋《いき》なペリカンのバーになる!! 3

PELICAN BARD

中・南1西5日住金ビルB1　☎271—6162

名前の由来は、ペリカンの好きな店主がペリカンとバーを組み合わせて「PELICAN BAR」にしようと思ったら、風俗営業上、純粋なバーと間違えられそうなので後にDをつけたとのこと。だからここは昼と夜、二つの顔を持つ。昼間はフツーの喫茶店だが、午後6時を過ぎると、照明が一段と暗くなり、3枚バネの扇風機がまわり出し、映画「カサブランカ」の酒場のフンイ気となる。どちらかというと夜の方が好きだ。コンクリートとレンガの壁がしっくり合って、新しいものの中に古さを感じさせる粋な造り。完璧にナウイ造りでない所が、ふと肩の力を抜いてくつろげる要因かもしれない。〈コーヒー¥360　前11・30～前1・00　年中無休〉

『札幌青春街図』（84年発行）に掲載された「ペリカンバード」の紹介記事

斉藤　東京で評判になっている店があると、興味津々でよく探検に行ってたの。そのたびに次の新しいものを探してましたね。

「札幌になかったものを作る」がエムズの店づくりのポリシー

和田　私、エムズの店のファンなんです。特に印象的なのは、2006年にできたエムズ二条横丁。建物の中に札幌軟石の蔵を生かした店があって驚かされました。軟石の肌触りがよく、とても不思議な空間でしたね。

斉藤　あの蔵は、薬局だったあの建物に元からあったもの。「エムズスペース」（95年）は壁紙屋さんの工場で、「タヌキスクエア」

（2012年）は元古本屋。それも建て直す直前まで、人が住んでいたんですよ。

和田　それをお店に改築するのは、かなり大変だった？

斉藤　元の建物は外壁しか残さないし、屋根まで壊しちゃいますね。柱も移動させたりします。だから、元からあって使えるものはほとんどないわけです。店舗プランナーとしては、自由に創作できるのが最高です。

和田　例えば、以前は斉藤さんが営んでいた狸小路7丁目の「ワイン厨房 月光」（07年）。本格的なバーカウンターから、狸小路を見下ろすカップル席、カーテンで仕切られた秘密の小部屋まで、遊び心ある造りが大好きなんです。

斉藤　月光の時は、ビロードっぽい感じの怪しげな店を作りたかったんです。あそこが、自分で経営した最後の店になりますね。

和田　新しい店をはじめる時のポリシーってなんですか？

斉藤　〈今まで札幌になかったものを作る〉がポリシー。カムカムを最初に出した頃は、まだ中華料理が大皿で1000円以上もして、一人じゃ食べ切れない量だから、せいぜい2品くらいしか注文できなかった。

和田　そうそう、値段が高くてね。

斉藤　そんな時代に、東京の恵比寿にあった台湾料理「月世界」では、小皿でいろんな料理を味わえました。〈エスニック〉という言葉がまだなかった時代だったから、そこをヒントに「無国籍料理の居酒屋ができないか！」と考えて生まれたのが、カムカムなんです。アジアで出合った屋台感覚もヒントにして…。

和田　あれは画期的でしたね。

斉藤　あの頃はやりたい店のイメージが自分の中にゴロゴロあって、まだお客さんより店の経営者の発想が勝っていた時代ですね。

和田　そうか、斉藤さんの発想力がお客さんの想像力を上回っていたんですね。

斉藤　だから昭和レトロな「菜もっきりや」（96年）の発想も、昔の酒場を今風にアレンジすることで生まれたし、焼酎ブームが来る直前に「月の中」（03年）を出したりと、常に時代を先取りしようとやってきました。

店づくりにも本づくりにも通じるワクワク感が楽しい

和田　種々雑多な楽しい店を営まれていながら、どうしてテナント経営に専念しようと決めたのですか？

斉藤　最盛期は、同時に7店舗やりながら、その途中でペンシルビル（03年）やエムズスペースも建てました。でも、エムズ二条横丁を作ったあたりから、飲食店経営よりも店舗空間を作ることに専念したくなっちゃったんです。

和田　私も同じことばかり繰り返していると、マンネリになっていやになるタイプ。だから、88年に出版社を立ち上げたわけで、気持ちはよくわかります。

斉藤　店はそれぞれ、当時の店長に譲りました。タイミングはよかったので、店が流行っていて、条件面も納得してもらった上で。

和田　手塩にかけた店やスタッフが巣立ってしまい、寂しくないですか？

斉藤　いや、全然（笑）。店の経営をやめて10年くらいになるけど、雑居群（テナント施設）はエムズ仲町（14年）やタヌキスクエアも含めて5軒増えました。

和田　そういえば、タヌキスクエアとエムズビルヂング（16年）は、裏で繋がっていますね。これって、最初からそのつもりで作ったのですか？

斉藤　繋げるように考えて作りました。これまでは、既存の建物を大改造してという発想でしたけど、ペンシルビルの時とはまた違う、昔風のちっぽけなビルジングっていうんですか。そんな感じをイメージして作りました。

和田　それじゃ、あれは純然たる新築なんですか？

斉藤　そうなんです。

和田　じゃあ、やりたいことを思う存分やられたんですね。

斉藤　ええ、まあ。

和田　あそこも、いい店が揃ってますね。でも、これでやりたいことはやり尽くしてしまった？

斉藤　いやあ、まあどうなんでしょうかね。でも、楽しいと思えることがあったら、またやりたい。その意味で今回の本づくりは楽しい。ワクワクするんだよね。

和田　私も青春街図を作っていた頃のように、なんだかワクワクしてます。これってクセになるんですよね（笑）。本づくりの場合、タイトルのつけ方が難しいのですが、店名を考えるのも大変でしょう。斉藤さんはどうやって店名を決めているんですか？

斉藤　考えるのは自分だけど、何十個も作って知り合いにいろいろ聞いてまわったりします。まあ、名前って後からついてくるものでしょ？　いい店になれば、名前もいい感じになってくるし…。

和田　売れた本のタイトルは、いいタイトルになるとよく言いますしね（笑）。

斉藤　カムカムなんかも、雑誌に載っていた女優さんのエッセイに、食べ物をよく〈噛む噛む〉って書いてあったのがヒントになっているんですよ。

和田　あ、来て来て（come come）じゃないんだ、よくまあ、キャッチーな店名をつけたものです。今回の本も、斉藤さんが命名したタイトル「雑居群街図」がピタッとハマっていますね。

斉藤　人じゃなくて店がごちゃっとあるイメージが〈雑居群〉で、その〈街図〉ということでいいのかなあと。

和田　雑居群っていう言葉が、絶妙にエムズの魅力を象徴していますよね。これしかないという独創性と力強さがあって素敵です。それに、思い出深い私の青春〈街図〉も、書名に復活させてもらったことだし（笑）。

斉藤　よし、話が決まったね（笑）。これで対談はお仕舞い。じゃあ、じっくりビールを飲みましょう。

和田　雑居群に、乾杯！

Special thanks to

リカーズかめはた(株)(亀畑倭宏・佳正、そして皆様)

サッポロビール(小樋山札幌支社長、米須亮太)

ロコさん(元ハニーハウス・寅の子店主)

山裕技建(煙山裕也)

戸川善晴税理士事務所

中澤工務店(佐々木吉晴)

潮産業(堀内正敏)

COOL jr(伊藤光昭)

黒ちゃん(故人、レギャン・メゾンド黒店主)

中央信用組合ゴルフ会一同

さのさ会一同

大沼(元もっきりや店主)

メグちゃん(もっきりやを経て、だいふく店主)

アケ(月の中元店主)

フミ(春さめや・立ち呑みバール元店主)

M'S Goes On

BLUE MOON
BELGIAN WHITE
Belgian-Style Wheat Ale
BREWED WITH Valencia Orange Peel
全米NO.1※クラフトビール
BLUE MOON
<ベルジャン ホワイト>
オレンジアロマ広がる
フルーティで華やかな味わい
コリアンダーシード
小麦
ホップ
オレンジピール
香り
苦み
甘み
コク
フルーティー
ブルームーンの味わいチャート
※2015年 USニールセン調べ個別銘柄別
お酒は20歳になってから。お酒は楽しくほどほどに。飲酒運転は法律で禁止されています。妊娠中や授乳期の飲酒は胎児・乳児の発育に悪影響を与えるおそれがあります。

JAMESON®
CASKMATES™
Finished in Craft Beer Barrels
「ジェムソン カスクメイツ」
クラフトビール樽でフィニッシュさせた、クラフトビール好きのためのウイスキー
TRIPLE DISTILLED, ONCE STOUTED —— www.jamesonwhiskey.com/jp/ ——
飲酒は20歳を過ぎてから。 ペルノ・リカール・ジャパン株式会社
JAMESON
Triple Distilled
IRISH WHISKEY
CASKMATES
AGED IN CRAFT BEER BARRELS
STOUT EDITION

千歳鶴
吉翔
瑞翔
日本清酒株式会社 千歳鶴酒ミュージアム
〒060-0053 北海道札幌市中央区南3条東5丁目1番地
TEL011-221-7570
営業時間 10:00～18:00

さっぽろM'S《エムズ》雑《ざっ》居《きょ》群《ぐん》街《がい》図《ず》

2017年9月15日発行
発行・発売　株式会社亜璃西社
〒060-8637 札幌市中央区南2西5−6−7 メゾン本府7F
tel. 011・221・5396

9784906740291

定価:540円 本体500円 +税

ISBN978-4-906740-29-1
C0076 ¥500E

1920076005008